# Ma vie

## DU MÊME AUTEUR

### AUX ÉDITIONS FAYARD

*Le Dieu de Jésus-Christ*, 1977 (collection « Communio »)
*La Mort et l'Au-delà*, 1979, rééd. 1994 (collection « Communio »).
*Entretien sur la foi*, 1985.
*Au commencement, Dieu créa le Ciel et la Terre*, 1986.
*Église, œcuménisme et politique*, 1987.
*Serviteurs de votre joie*, 1990.
*Regarder le Christ. Exercices de foi, d'espérance et d'amour*, 1992.
*Appelés à la communion. Comprendre l'Église aujourd'hui*, 1993.

Joseph, Cardinal Ratzinger

# Ma vie

## Souvenirs (1927-1977)

Traduction de l'allemand par Martine HUGUET
révisée par Jean LAFFITTE

FAYARD

Cet ouvrage est la traduction intégrale, revue par S.E. le cardinal Joseph Ratzinger, publiée pour la première fois en France, du livre de langue allemande :

AUS MEINEM LEBEN
*Erinnerungen (1927-1977)*

I

# ENFANCE ENTRE INN ET SALZACH

Où se trouve ma vraie patrie, je ne saurais le dire avec précision. Une fois encore, mon père fut muté comme gendarme, de sorte que nous avons beaucoup voyagé jusqu'en 1937, année où il prit sa retraite et où nous pûmes nous installer dans la maison de Hufschlag près de Traunstein, qui devint alors notre véritable patrie. Jusqu'alors, toutes nos pérégrinations s'étaient limitées à un périmètre réduit : au triangle formé par l'Inn et la Salzach, dont le paysage et l'histoire ont marqué ma jeunesse. Ancienne terre de civilisation celte, ayant ensuite appartenu à la province romaine de Réthie et restée fière de cette double racine culturelle. De précieux vestiges celtes remontent à un lointain passé et nous relient au monde celte de la Gaule et de la Grande-Bretagne. Encore aujourd'hui, on y voit des ruines de rues romaines, et bien des lieux rappellent, par leur longue histoire, leur ancien nom latin ; le christianisme s'est implanté sans aucun doute avec les soldats romains dès avant l'époque constantinienne. Et bien qu'il se soit largement répandu à la période troublée des migrations, cela n'a pas empêché que survivent quelques traces de la foi au cours des périodes sombres, permettant ainsi aux missionnaires venus de Gaule, d'Irlande ou d'Angleterre de s'y référer. Certains croient même pouvoir constater des influences byzantines. Salzbourg, la Juvavum romaine, devint métropole chrétienne et façonna l'histoire de la civilisation de ce pays de façon décisive jusqu'à l'époque napoléonienne. Virgile, cet évêque d'origine irlandaise étonnamment singulier et récalcitrant, devint une figure importante, et plus encore Rupert, venu de Gaule, dont le culte est ici beaucoup plus vivace que celui du fondateur de l'évêché de Freising, Corbinien. En effet, la partie bavaroise de cette région n'a été rattachée à l'archevêché nouvellement créé de Munich-Freising qu'après la tourmente napoléonienne. En évoquant cette histoire chrétienne ancienne, il ne faut évidemment pas oublier Boniface, l'Anglo-Saxon, à qui toute la Bavière de l'époque doit sa structure ecclésiale.

Je suis né un samedi saint, le 16 avril 1927, à Marktl am Inn. Ma naissance, le dernier jour de la Semaine sainte et la veille de Pâques, n'est jamais passée inaperçue dans l'histoire familiale, d'autant plus que j'ai été baptisé dès le matin de ma naissance avec l'eau tout juste bénite la « nuit pascale », célébrée à l'époque le matin. Et être le premier baptisé avec l'eau nouvelle fut considéré comme un signe du Ciel. Le fait que ma vie ait été ainsi plongée dès le début dans le mystère pascal m'a toujours rempli de gratitude, car ce ne pouvait être qu'un signe de bénédiction. Bien sûr, ce n'était pas le dimanche de Pâques mais le samedi saint ; or plus j'y repense, plus cela me semble être en accord avec notre vie humaine toujours en attente de Pâques, qui n'est pas encore dans la pleine lumière, mais s'en approche dans la confiance.

Comme nous avons quitté Marktl deux ans après ma naissance, en 1929, je n'ai d'autres souvenirs que les récits faits par mes parents, mon frère et ma sœur. Ils m'ont raconté que le jour de ma naissance régnaient une neige épaisse et un froid de loup, qui empêchèrent mes deux aînés – à leur grande désolation – de venir à mon baptême, pour éviter de prendre froid. Les années passées en famille à Marktl ne furent pas faciles : chômage, réparations de guerre qui pesaient sur l'économie allemande, affrontement des partis qui dressait les individus les uns contre les autres, maladies qui frappèrent notre famille. Mais il y avait aussi beaucoup de bons souvenirs d'amitié, d'entraide, de petites fêtes de famille et de vie paroissiale. Sans oublier que Marktl est tout près d'Altötting, sanctuaire marial vénéré datant de l'époque carolingienne, devenu depuis la fin du Moyen Âge un grand lieu de pèlerinage pour la Bavière et l'ouest de l'Autriche.

La béatification, puis la canonisation de l'ancien frère portier Conrad von Parzham donna précisément à cette époque un nouvel éclat à Altötting. Cet homme humble et foncièrement bon, en qui la foi avait développé les plus belles facultés, incarnait à nos yeux le meilleur de notre race. Plus tard, j'ai souvent repensé à cette curieuse providence que l'Église, au siècle du progrès et de la foi en la science, s'est trouvée le plus souvent représentée par des êtres tout simples comme Bernadette de Lourdes, par exemple, ou bien frère Conrad, visiblement à peine atteints par les courants de l'époque. L'Église aurait-elle perdu son influence culturelle, et aurait-elle désormais sa place à l'écart du courant de l'Histoire ? Ou bien est-ce le signe qu'un regard lucide sur l'Essentiel est, encore aujourd'hui, donné aux tout petits, lui qui fait si souvent défaut aux « sages et aux intelligents » (voir Mt 11, 25) ? Je pense que ces « petits » saints sont justement un grand signe pour notre époque, signe qui me touche d'autant plus que je vis avec elle et en elle.

Mais revenons à mon enfance. La deuxième étape de nos pérégrinations fut Tittmoning, petite ville sur la Salzach, dont le pont fait frontière avec l'Autriche. Tittmoning, dont l'architecture rappelle tellement Salzbourg, est restée le pays des rêves de mon enfance : la grande place majestueuse avec son élégante fontaine, délimitée par la porte de Laufen et celle de Burghausen, entourée de fières maisons bourgeoises anciennes, une place qui ferait véritablement honneur aux plus grandes villes. Les vitrines de Noël éclairées la nuit sont surtout restées dans ma mémoire comme une merveilleuse promesse. C'est à Tittmoning que Bartholomée Holzhauser avait fait le récit de ses visions apocalyptiques à l'époque de la Guerre de Trente Ans. Le mérite lui revient d'avoir repris et placé sous un jour nouveau l'idée de vie communautaire des prêtres séculiers, qui remonte à Eusèbe de Vercelli et à saint Augustin.

De l'institution qu'il avait fondée dans la petite ville sur la Salzach subsistaient néanmoins les titres : on appelait le curé doyen du chapitre, les vicaires chanoines, et comme il est d'usage pour les églises canoniales, on conservait le Saint-Sacrement dans une chapelle du même nom et non dans le tabernacle au-dessus du maître-autel. Nous avions donc le sentiment que notre petite ville n'était décidément pas comme les autres. Il suffisait de regarder le presbytère, trônant au-dessus de la ville tel un petit château sur sa butte. Mais notre préférence allait à l'ancienne et belle abbatiale baroque ayant appartenu autrefois aux chanoines de saint Augustin, et à présent entretenue avec amour par les « Sœurs de Mary Ward[1] ». Les anciens bâtiments conventuels étaient désormais occupés par l'école des filles et le jardin d'enfants, dénommé « garderie ». Avec sa profusion de fleurs et de lampes multicolores, c'est le « Saint-Sépulcre » érigé là entre le vendredi saint et le jour de Pâques qui est resté particulièrement présent à ma mémoire : faisant mieux saisir intérieurement le mystère de la mort et de la Résurrection, de façon sensible plus que rationnelle.

---

1. Branche allemande d'un ordre fondé par Mary Ward au XVIe siècle en Angleterre.

Tout cela est encore loin de retracer toutes les particularités qui ont éveillé en nous l'amour et la fierté de notre ville. En gravissant la colline qui domine la vallée de la Salzach, on arrivait à la chapelle Ponlach, beau sanctuaire baroque entouré d'arbres, et bercé par les eaux limpides de la Ponlach descendant la vallée. Avec notre chère maman, nous, les trois enfants, y montions souvent en pèlerinage, nous laissant envahir par la paix émanant de ces lieux. Et puis, il ne faut évidemment pas oublier la puissante forteresse dressée au-dessus de la ville, témoin de sa grandeur passée. La gendarmerie et, par conséquent, notre habitation était située sur la place dans la plus belle maison ayant autrefois appartenu au chapitre conventuel.

Certes, la beauté des façades n'est pas une garantie de confort. Les sols pavés étaient friables, les marches hautes, les pièces pleines de recoins.

La cuisine et la salle de séjour étaient exiguës ; en revanche, la chambre était l'ancienne salle capitulaire, ce qui n'était pas précisément confortable. Pour nous, enfants, tout cela était bien mystérieux et passionnant ; mais, pour notre mère, sur qui reposait la charge du ménage, cela représentait beaucoup de fatigues. Sa joie était d'autant plus grande de pouvoir marcher un peu avec nous. Nous aimions aller dans le pays voisin, en Autriche. Être à quelques pas de « l'étranger », où l'on parlait pourtant la même langue et, à peu de chose près, le même dialecte que chez nous, nous remplissait d'un sentiment singulier. À l'automne, nous cueillions la mâche dans les champs ; sous la conduite de notre mère, nous trouvions dans les prés au bord de la Salzach de quoi décorer la crèche, que nous aimions particulièrement. Un de mes plus beaux souvenirs est d'avoir pu rendre visite en période de Noël à une vieille dame dont la crèche emplissait presque tout l'espace et qu'on ne se lassait pas de contempler avec toutes ses merveilles. Il me revient également à l'esprit le grenier où un ami nous présentait son théâtre de marionnettes, dont les personnages donnaient des ailes à notre imagination.

Mais nous sentions aussi que le monde joyeux de notre enfance n'était pas encore le paradis. Derrière les belles façades se cachait une grande pauvreté discrète. La crise économique avait très sensiblement touché la petite ville frontalière oubliée par le progrès. Le climat politique empirait à vue d'œil. Et même si je ne comprenais pas exactement ce qui se passait, je me souviens cependant des affiches aux couleurs voyantes et des luttes électorales constantes qu'elles évoquaient. L'incapacité de la République de l'époque à créer une stabilité politique et, par là, à mener une action convaincante était flagrante face au débordement des luttes partisanes, qu'enfant je ressentais déjà. Le parti nazi se faisait de plus en plus triomphant, et se déclarait la seule alternative au chaos menaçant. Lorsque la tentative d'Hitler de se faire élire président du Reich échoua, ce fut un soulagement pour mon père et ma mère, mais ils ne purent se réjouir de l'élection du président Hindenburg, en lequel ils ne voyaient pas un garant sûr contre la montée en puissance des Chemises brunes. Au cours des réunions, mon père ne pouvait s'empêcher d'intervenir contre la brutalité des nazis. Nous ressentions très nettement la terrible inquiétude qui pesait sur lui et dont il ne pouvait se libérer dans la vie de tous les jours.

II

# LES PREMIÈRES ANNÉES D'ÉCOLE AU VILLAGE L'OMBRE DU IIIe REICH

Fin 1932, il décida donc de changer encore une fois de domicile : à Tittmoning, il s'était vraiment trop fait remarquer en s'opposant aux Chemises brunes. En décembre, peu avant Noël, nous nous installâmes dans notre nouvelle patrie à Aschau-sur-Inn, un gros village tranquille avec de grandes et belles fermes. Ma mère fut agréablement surprise par le beau logement qu'on nous attribua. Un fermier avait construit une villa moderne pour l'époque, avec encorbellement et balcon, et la louait à la gendarmerie. Les bureaux et les appartements du deuxième gendarme étaient au rez-de-chaussée. Nous occupions le premier étage, où nous trouvâmes un *home* chaleureux. Il y avait un jardin devant la maison avec une belle croix, une grande prairie avec un étang à carpes, dans lequel j'ai d'ailleurs failli me noyer en jouant. Au centre du village se trouvait – comme il se doit en Bavière – une imposante brasserie, dont l'auberge était le lieu de ralliement des hommes le dimanche. La place du village à proprement parler se trouvait à l'autre extrémité, avec une autre grande auberge, l'église et l'école.

Naturellement, il nous manquait, à nous enfants, le côté formidable de la petite ville dont nous avions été si fiers. Pas de commune mesure entre notre jolie petite église de village à la décoration néo-gothique et Tittmoning si familière pour nous. Les magasins étaient plus simples et le dialecte un petit peu plus rude, de sorte qu'au début, nous ne comprenions pas du tout certains mots. Mais nous ne tardâmes pas à aimer notre village et apprîmes à en apprécier les beautés.

Il est vrai que la « grande Histoire » commençait à nous assaillir. Nous étions arrivés en décembre 1932 ; dès le 30 janvier 1933, Hindenburg passa ses pouvoirs de chancelier du Reich à Hitler ; ce qui, dans le langage du parti, signifiait une « prise de pouvoir ». Et c'était bien le cas. Ils eurent recours à la force dès le premier instant. Personnellement, je n'ai aucun souvenir de cette journée pluvieuse, mais mon frère et ma sœur m'ont raconté que l'école dut traverser au pas le village, pataugeant littéralement sous la pluie, ce qui ne soulevait guère d'enthousiasme. Quoi qu'il en soit, il y avait déjà eu aussi dans le village des nazis avoués et cachés, qui virent alors leur heure arrivée et sortirent soudain des malles leurs uniformes bruns. Beaucoup en furent saisis d'effroi. On lança la « Jeunesse hitlérienne » et la « Ligue des jeunes filles allemandes », en liaison avec l'école, de sorte que mon frère et ma sœur durent aussi participer aux manifestations. Mon père souffrait de devoir servir une autorité publique qu'il considérait comme assassine, même si – Dieu merci – le service dans le village ne s'en ressentait pas encore vraiment. Au cours des quatre années passées là-bas, le nouveau régime n'eut d'autre effet – d'aussi loin que je me souvienne – que l'espionnage des prêtres au comportement « hostile au Reich ». Naturellement, mon père n'y participait pas, mais prévenait au contraire les prêtres et les soutenait lorsqu'il les savait menacés.

En outre, le national-socialisme ne put que lentement remodeler la vie de ce petit village. Ainsi, par exemple, le maître d'école continua – comme il est d'usage en Bavière – à exercer ses fonctions d'organiste et de chef de chœur à l'église et ses obligations d'enseigner la Bible, tandis que le catéchisme était l'affaire du curé. Tout cela parut même garanti à nouveau par le concordat ; mais il s'avéra bientôt que l'observance de ce dernier ne comptait pas pour les nouveaux « dirigeants ». La lutte contre l'école religieuse s'engagea ; l'union toujours en vigueur entre l'école et l'Église devait être dissoute et ses fondements spirituels ne devaient plus être la foi chrétienne mais l'idéologie du « Führer ». Les évêques menèrent avec la plus grande rigueur le combat pour l'école confessionnelle et le respect du concordat. Les lettres pastorales en ce sens, lues en chaire par le curé, se sont gravées dans ma mémoire. Dès cette époque, j'entrevoyais déjà qu'en combattant les institutions, elles méconnaissaient en partie la réalité. Car la seule garantie institutionnelle ne sert à rien s'il n'y a pas des hommes pour la soutenir par conviction intime.

Mais ce n'était pas toujours le cas. Certes, il se trouvait dans l'ancienne comme dans la nouvelle génération des maîtres aux convictions religieuses profondes, pour qui la foi chrétienne était le fondement de notre civilisation et, par conséquent, de sa tâche éducative. Mais l'ancienne génération gardait un ressentiment anticlérical qui pouvait se comprendre, étant donné la surveillance scolaire exercée autrefois par les religieux. Dans la jeune génération se trouvaient des nazis convaincus : dans les deux cas, se prévaloir d'une appartenance chrétienne garantie par les institutions perdait tout son sens. Mes professeurs au cours des quatre années à Aschau n'étaient pas précisément des chrétiens fervents, mais ils restaient plutôt réservés vis-à-vis de ce mouvement nouveau. Et comme l'église constituait encore, non seulement sur un plan architectural, mais profondément existentiel, le centre du village, il eût été maladroit de s'opposer à elle avec trop de virulence. Cela n'aurait fait que gagner des opposants au nouveau régime.

Un jeune professeur, au demeurant fort doué, fut véritablement enthousiasmé par ces idées nouvelles. Il tenta d'ouvrir une brèche dans la structure solide de la vie campagnarde marquée par l'année liturgique. Il fit donc dresser en grande pompe l'« arbre de mai » et composa une sorte d'invocation adressée à l'arbre, symbole de la force de vie en constant renouvellement. L'arbre de vie devait rétablir un peu de la religion germanique, contribuant ainsi à refouler l'élément chrétien, accusé d'aliéner notre grande culture germanique. Dans un même esprit, il organisa des fêtes de la Saint-Jean pour signifier le retour à la nature sacrée et à nos origines, au lieu des idées non familières de péché et de rédemption qui nous avaient été imposées par la religion étrangère juive et romaine. Lorsque j'entends aujourd'hui comment s'exerce dans de nombreuses parties du monde la critique du christianisme, accusé de détruire l'identité culturelle propre et d'imposer des valeurs européennes, je m'étonne de la similitude de l'argumentation et de la résonance familière de certaines formulations. À l'époque, de telles déclarations ne pouvaient en imposer au bon sens des paysans bavarois. Les jeunes garçons s'intéressaient davantage aux saucisses suspendues à l'arbre de mai, qui revenaient aux grimpeurs les plus rapides, qu'aux discours ampoulés du maître d'école.

Autre signe inquiétant de cette ère nouvelle : le phare, que l'on dressa alors sur le Winterberg, l'une des hauteurs surplombant le village. Lorsqu'il balayait le ciel nocturne de sa lumière vive, il nous apparaissait comme le signal d'un danger encore non identifié. Il s'agissait de repérer les avions ennemis ; mais le ciel d'Aschau n'était survolé par aucun avion, et par conséquent aucun avion ennemi. On pressentait confusément que quelque chose se tramait, ce qui ne pouvait qu'être fort inquiétant, mais nul ne pouvait croire à des événements sinistres dans un monde en apparence encore si pacifique. Lors de notre départ en 1937, nous apprîmes que la construction d'une « usine » était prévue. Elle ne tarda pas à pousser comme un champignon dans la forêt, soigneusement camouflée. C'était une fabrique de munitions, que l'atmosphère ne laissait pas deviner. Et les événements à venir commencèrent à prendre une tournure terrifiante.

Mais comme je l'ai dit, nous ne l'avons pas vécu. Dans l'ensemble, toutefois, la vie quotidienne au village suivait son cours comme par le passé. Tout d'abord, mon frère devint enfant de chœur ; et lorsqu'en 1935 il entra au lycée de Traunstein et au séminaire diocésain, je le suivis, même si je ne pouvais l'égaler en zèle et en efficacité. Ma sœur, elle, entra la même année au collège de filles d'Au-sur-Inn, dirigé par des franciscaines dans l'ancien couvent voisin des chanoines de Saint-Augustin, auquel appartenait l'une des belles églises baroques de notre région bavaroise. Ainsi, l'Église resta encore influente en matière d'éducation même si, à Au, l'école faisait déjà l'objet de certaines tracasseries. La vie paysanne était encore solidement en symbiose avec la foi de l'Église : naissance et mort, mariage et maladie, semailles et moisson – tout était imprégné de foi. Même si la vie et la pensée personnelles n'étaient aucunement conformes à la foi de l'Église, personne n'aurait pu imaginer un décès ou bien les grands événements de la vie sans la présence de l'Église. La vie aurait tourné à vide et perdu ses repères, qui lui donnaient sens et solidité. On ne communiait pas aussi souvent qu'aujourd'hui, mais on recevait les sacrements à dates fixes, et nul ne s'y soustrayait. Celui qui ne pouvait produire son billet de confession pascal passait pour un être asocial. Tout cela peut paraître aujourd'hui très extérieur et superficiel, et j'admets volontiers que certains agissaient davantage sous la pression sociale que par conviction intime. Et pourtant, ce n'était pas rien qu'en période de Pâques les gros propriétaires terriens eux-mêmes, en réalité de vrais seigneurs, dussent s'agenouiller en toute humilité au confessionnal et se reconnaître pécheurs, tout comme leurs valets et servantes, encore fort nombreux à l'époque. Ce moment d'humiliation, en faisant tomber toutes les barrières sociales, n'est assurément pas resté sans effet.

L'année liturgique jalonnait le temps, ce qui, enfant, me remplissait le cœur de joie et de reconnaissance. Pendant l'Avent, on célébrait le matin l'office des Anges de manière très festive dans l'église sombre, éclairée à la seule lueur des cierges. La joie précédant Noël donnait une couleur toute particulière à ces jours austères. Chaque année, notre crèche s'enrichissait de quelques figurines, et c'était chaque fois une joie spéciale d'aller dans la forêt avec mon père cueillir de la mousse, du genièvre et des branches de sapin. Pendant le Carême, on se réunissait chaque jeudi pour l'« heure sainte », avec une gravité et une confiance qui pénétraient toujours profondément mon âme. Et j'étais particulièrement impressionné par la fête de la Résurrection à la veillée pascale. Pendant tout le Carême, des rideaux noirs voilaient les fenêtres de l'église et maintenaient tout l'espace dans une mystérieuse obscurité, même pendant la journée.

Aux paroles chantées par le curé : « Christ est ressuscité », les rideaux tombaient d'un coup, et une lumière rayonnante envahissait l'intérieur de l'église : je ne peux imaginer célébration plus impressionnante de la Résurrection du Seigneur. Le mouvement liturgique, qui atteignait alors son point culminant, toucha même notre village. Le curé se mit à organiser des messes communautaires pour les jeunes en âge scolaire, au cours desquelles on lisait des textes du missel « Schott » et où l'on priait ensemble les répons.

Qu'était le Schott ? À la fin du XIX^e siècle, le bénédictin Anselme Schott, de l'abbaye de Beuron, avait transcrit le missel de l'Église en allemand. Il existait des versions uniquement en langue allemande, certaines où une partie des textes était imprimée en latin et allemand, et d'autres où figuraient côte à côte le texte latin intégral et le texte allemand. Un curé ouvert avait offert le Schott à mes parents le jour de leur mariage en 1920, de sorte que notre famille fut une des premières à posséder le « paroissien ». Tôt, nos parents nous ont aidés à entrer dans la liturgie : il existait un paroissien pour enfants correspondant au missel, où l'on pouvait suivre l'action liturgique en images ; chaque illustration était commentée par une courte prière, reprenant l'essentiel de chaque séquence liturgique et accessible à la prière d'un enfant. On me donna ensuite un Schott pour les enfants, où figuraient déjà les principaux textes liturgiques ; puis ce fut le Schott des dimanches, qui comportait la liturgie complète des dimanches et jours de fête ; et, enfin, le missel quotidien complet. Chaque nouvelle étape liturgique était pour moi un grand événement. Chaque nouveau livre était un trésor comme je n'en pouvais rêver de plus beau : c'était une aventure passionnante de pénétrer lentement dans le monde mystérieux de la liturgie, qui se déroulait là, devant nous et pour nous, à l'autel. Je réalisais de plus en plus clairement que j'abordais une réalité que jamais personne n'avait imaginée, ni autorité ni grande personnalité. Cette trame mystérieuse de textes et d'actions s'était développée au long des siècles à partir de la foi de l'Église ; elle portait le poids de toute l'Histoire, tout en étant bien plus que le produit de l'Histoire des hommes. Chaque siècle avait laissé sa marque : les introductions nous montraient ce qui provenait de l'Église primitive, du Moyen Âge ou de l'époque moderne. Tout n'était pas logique, c'était parfois un véritable dédale et il n'était certes pas toujours facile de s'y retrouver. Mais c'est précisément ce qui rendait cet édifice magnifique et en faisait une patrie. Bien sûr, ma conscience d'enfant n'a pas saisi cela dans le détail, mais mon cheminement dans la liturgie fut cependant l'approche progressive d'une immense Réalité qui surpassait tous les individus et toutes les générations, et fut l'occasion de découvertes et d'étonnements toujours nouveaux. La réalité inépuisable de la liturgie catholique m'a accompagné à toutes les étapes de la vie. Il ne cessera donc d'en être question.

III

# LES ANNÉES AU LYCÉE DE TRAUNSTEIN

En raison des fortes exigences physiques liées à leur profession, les gendarmes devaient, à l'époque, prendre leur retraite à soixante ans. Mon père attendait ce jour avec impatience. Les fréquents services de nuit qu'impliquait sa mission le fatiguaient ; mais, plus encore, c'était le contexte politique dans lequel il devait remplir sa tâche qui l'oppressait. Il prit un assez long congé de maladie, au cours duquel nous fîmes souvent des randonnées où il me racontait sa vie. Le 6 mars 1937, il atteignit enfin ses soixante ans. Dès 1933, nos parents avaient acquis pour un prix modique une vieille ferme datant de 1726 (date qui figurait, si mes souvenirs sont bons, sur une poutre du toit) à la sortie de Traunstein. Les précédents propriétaires avaient mal exploité les terres, de sorte que la maison ne possédait plus qu'une grande prairie où se dressaient deux imposants cerisiers, des pommiers, des poiriers et des pruniers. Le terrain était limité par un bois de chênes à quelques pas de chez nous, qui se prolongeait par une forêt d'épineux s'étendant à plusieurs heures de marche. La propriété était construite dans le style alpin de la région de Salzbourg, avec granges, étables et la maison d'habitation sous le même toit. La toiture des étables et des granges était couverte de bardeaux de bois et lestée de pierres contre le vent. Pas d'eau courante ; en revanche, un puits devant la maison, d'où coulait une délicieuse eau fraîche qui, par la suite, finissait par se tarir par temps de sécheresse, à mesure qu'apparaissaient alentour d'autres maisons avec un puits. La chambre où nous dormions, mon frère et moi, donnait plein sud. En ouvrant les rideaux le matin, nous avions devant nous presque à portée de main le Hochfellen et le Hochgern, les deux « montagnes familières » de Traunstein. De la maison délabrée remise en état par mon père, notre mère avait fait au long des années un merveilleux foyer. Devant les fenêtres, elle avait mis des jardinières. Elle aménagea deux jardins bordés d'une profusion de fleurs, où poussait tout ce dont nous avions besoin. L'état de notre maison, notre nouveau gîte, causa certains soucis à mon père mais elle était pour nous, les enfants, le plus beau des paradis. Il y avait de grandes remises pleines de mystère, un atelier de tisserand plongé dans une demi-pénombre, où les précédents propriétaires avaient sûrement exercé ce métier. Et puis le pré, le puits, les arbres, le bois... C'est là, après bien des pérégrinations, que nous avons trouvé notre véritable patrie, vers laquelle mes pensées retournent toujours pleines de reconnaissance. Le premier coup d'œil fut pour moi inoubliable : le camion de déménagement nous avait devancés ; nous arrivâmes dans la voiture de l'aubergiste d'Aschau et aperçûmes d'abord la prairie, couverte de primevères. C'était début avril.

Mais avec le déménagement à Traunstein débuta pour moi une période d'une gravité nouvelle. Quelques jours après notre arrivée, l'école ouvrait ses portes. J'entrai dans la première classe du « lycée des humanités » (qu'on appellerait aujourd'hui lycée classique). Pour m'y rendre, il fallait une demi-heure, ce qui donnait largement le temps de regarder, de réfléchir et de réviser les cours. À la fin, nous n'apprenions plus grand-chose à l'école primaire d'Aschau. Désormais, la discipline était différente, les matières nouvelles, et je me trouvai confronté à d'autres exigences, d'autant que j'étais le plus jeune et l'un des plus petits de toute la classe. Le latin était encore une matière de base enseignée avec la sévérité et le sérieux d'antan, ce dont je suis resté reconnaissant toute ma vie. Théologien, je n'eus aucune difficulté à étudier les sources en latin et en grec et, bien que je n'aie jamais suivi de cours en latin, je pus m'adapter rapidement à celui que parlaient, à Rome, les théologiens au Concile. Même au lycée de Traunstein, le national-socialisme n'avait encore pu changer que peu de chose. Malgré l'énorme pression exercée sur les fonctionnaires, aucun des philologues de la vieille garde n'avait rejoint le parti. Peu après mon entrée au lycée, le directeur adjoint des études fut déplacé parce qu'il ne convenait pas aux nouveaux « dirigeants ». Lorsque je regarde en arrière, il me semble que la formation à l'esprit des auteurs grecs et latins s'opposait à la séduction de l'idéologie totalitaire. En feuilletant notre livre de chants de l'époque qui, outre des trésors de chants anciens, contenait également une série de chants nazis ou bien de chants où l'on avait glissé des expressions nazies, je vis que notre professeur de musique, catholique sincère, nous obligea à rayer l'expression *Juda den Tod* (mort au peuple juif) et à la remplacer par *wende die Not* (éloigne de nous le malheur). Mais dès l'année qui suivit mon entrée au lycée, une « réforme » scolaire radicale fut annoncée. Jusqu'alors, lycée et collège étaient deux entités voisines mais distinctes. Désormais, elles furent réunies en un nouveau système scolaire, à l'école dite « supérieure », où le cours de grec avait complètement disparu et le latin beaucoup perdu de son importance, ne commençant qu'en troisième année, au profit des langues modernes, de l'anglais en particulier, et des sciences naturelles, devenues prédominantes. Ce nouveau système créa une nouvelle génération de professeurs, dont certains étaient sans aucun doute excellents mais aussi de solides partisans du nouveau régime. Trois ans après, le cours de religion fut à son tour banni de l'école, laissant une place plus grande au sport. Mais, Dieu merci, le lycée destiné à disparaître put continuer sous sa forme traditionnelle.

Pendant ce temps, les grondements de tonnerre de l'Histoire mondiale se rapprochaient. Au printemps 1938 les mouvements de troupes ne pouvaient plus passer inaperçus. On parlait de guerre contre l'Autriche, jusqu'au jour où fut annoncée l'entrée de la

Wehrmacht et l'« Anschluss » de l'Autriche au Reich, qui devenait alors la « Grande Allemagne ». Pour nous, la prise de pouvoir en Autriche des « dirigeants » en chemise brune eut ceci de positif : Hitler avait fermé les frontières du pays voisin. Je me souviens encore de l'excursion que nous fîmes depuis Aschau à notre chère ville de Tittmoning ; mais le pont de la Salzach que nous avions si souvent traversé était désormais verrouillé. Ce n'était plus un pont mais une frontière. L'Autriche était à présent rouverte mais le prix à payer était élevé. Avec nos parents, nous franchissions souvent ce pont pour nous rendre à Salzbourg toute proche ; le pèlerinage à Maria Plain était toujours au programme, avec la visite des superbes églises et l'atmosphère émouvante de cette ville unique. Et, pour découvrir Salzbourg sous un nouvel aspect, mon frère prit bientôt une initiative : le festival était, en raison de la guerre, coupé de son public international. Il devenait donc possible d'obtenir des billets à des prix tout à fait raisonnables. C'est ainsi que nous avons pu écouter la *Neuvième Symphonie* dirigée par Knappertsbusch, la *Grand-Messe en ut mineur* de Mozart, un concert des Domspatzen (les Petits Chanteurs de la cathédrale de Ratisbonne) et d'autres concerts encore, inoubliables.

Entre-temps, un changement décisif s'était produit dans ma vie. Pendant deux ans, j'étais allé à l'école chaque jour avec beaucoup de joie, mais le curé me pressait désormais d'entrer au petit séminaire, afin d'être vraiment initié à la vie spirituelle. Pour mon père, dont la retraite était très modeste, c'était un grand sacrifice. Ma sœur, après le collège et l'année obligatoire pour les filles, occupa en 1939 un poste de bureau dans une grande boutique de Traunstein, allégeant ainsi le budget familial. La décision fut donc prise, et j'entrai au séminaire à Pâques 1939, dans une joyeuse attente, car mon frère en avait parlé avec beaucoup d'enthousiasme et j'avais des liens très amicaux avec les séminaristes de ma classe. Mais je n'étais pas fait pour le pensionnat. Ayant vécu très libre à la maison, j'avais étudié à ma guise et construit mon petit monde à moi. Me trouver désormais dans une salle d'étude avec une soixantaine d'autres garçons était pour moi un supplice qui m'empêchait d'apprendre, alors que cela m'était si facile auparavant. Mais ce qui me pesait le plus, c'était – selon une idée éducative progressiste – les deux heures de sport prévues chaque jour sur le grand terrain de jeux de l'établissement. N'étant pas doué du tout en la matière et étant en outre le plus jeune de mes camarades, qui avaient jusqu'à trois ans de plus et donc beaucoup plus de force, c'était pour moi une véritable torture. Je dois dire que mes camarades étaient très tolérants ; mais à la longue, il n'est pas agréable de devoir compter sur la tolérance des autres et de savoir qu'on est un poids pour l'équipe dont on fait partie.

Entre-temps, le drame de l'Histoire s'intensifia avec les actes de violence du III$^{e}$ Reich. La crise des Sudètes se déclencha et s'exacerba, avec son cortège de mensonges, visibles même pour des aveugles ! Il était clair que les Accords de Munich de l'automne 1938, par lesquels le III^e Reich ratifia l'annexion des territoires sudètes, ne faisaient que repousser le problème mais ne le résolvaient point. Mon père ne comprenait pas que les Français, qu'il avait en grande estime, semblent considérer comme presque normales les transgressions successives d'Hitler. Au printemps 1939, il s'ensuivit l'occupation de la Tchécoslovaquie, et, après une nouvelle campagne contre la Pologne organisée selon le même rituel, la déclaration de guerre, le 1^er septembre de la même année. Celle-ci était encore loin de nous, mais l'avenir s'annonçait néanmoins angoissant, menaçant et imprévisible. La déclaration de guerre eut pour conséquence immédiate de transformer le petit séminaire en hôpital militaire, ce qui me permit, désormais, avec mon frère, de retourner à l'école. Mais le directeur trouva des locaux de secours, d'abord dans l'établissement thermal de la ville (qui, conformément à la volonté du pasteur Kneipp, aurait dû devenir une grande ville thermale Kneipp), puis à l'institution de jeunes filles des Sœurs de Mary Ward à Sparz, sur les hauteurs de la ville. Les nazis ayant fermé les écoles religieuses, la plus grande partie de la maison restait vide et les séminaristes pouvaient désormais s'y installer. Mais il n'y avait pas de terrain de sport ; au lieu de cela, nous marchions l'après-midi dans les grands bois des environs et jouions au bord du ruisseau tout proche, construisant des barrages, pêchant des poissons. Notre enfance s'écoulait, vraiment joyeuse. Là, je me suis réconcilié avec le séminaire et j'ai vécu une période heureuse. Je dus apprendre à m'intégrer dans un ensemble, à sortir de ma singularité et à vivre en communauté dans le don aux autres et le don reçu. Je suis reconnaissant de cette expérience, qui fut importante pour ma vie future.

Au début, la guerre semblait presque irréelle. Après qu'Hitler eut renversé brutalement la Pologne en s'alliant à l'Union soviétique de Staline, les choses se calmèrent. Les puissances occidentales semblaient indécises, et sur le front français il ne se passait quasiment rien. 1940 fut alors l'année des grands triomphes d'Hitler : il occupa le Danemark et la Norvège ; la Hollande, la Belgique, la France et le Luxembourg furent défaits en peu de temps. Même les hommes opposés au national-socialisme en ressentirent une sorte de fierté patriotique : mon futur collègue de Bonn, Hubert Jedin, grand historien spécialiste des conciles qui avait dû fuir l'Allemagne parce qu'il avait du sang juif et passer les années de la période hitlérienne en exil forcé dans l'État du Vatican, a décrit en profondeur dans ses Mémoires l'étrangeté des sentiments contradictoires provoqués par les événements de cette année-là. Avec une lucidité intègre, mon père vit très clairement qu'une victoire d'Hitler ne serait pas celle de l'Allemagne mais une victoire de l'Antéchrist, annonciateur de temps apocalyptiques pour tous les croyants, mais pas pour eux seulement. La guerre suivait son cours inexorable. L'étape suivante vit la domination des Balkans par Hitler. L'invasion de la Grande-Bretagne, annoncée avec tambours et trompettes et toujours repoussée, suscitait doute et inquiétude. Je n'oublierai jamais ce dimanche ensoleillé de 1941 où la nouvelle nous fut assenée que l'Allemagne avait, avec ses alliés, commencé à attaquer l'Union soviétique sur un front s'étendant du Cap Nord à la Mer Noire. Ce jour-là, on avait organisé pour ma classe une petite promenade en bateau sur un lac voisin. L'excursion était belle, mais la nouvelle d'une extension de la guerre planait sur nous tel un cauchemar, paralysant notre joie. Cela ne pouvait que mal tourner. Nous pensions à Napoléon, aux immenses étendues de la Russie, dans lesquelles l'offensive allemande ne pouvait que se perdre. Nous en eûmes les échos avec l'approche de gros camions transportant des soldats, affreusement blessés parfois. L'hôpital fut alors entièrement réquisitionné ainsi que toutes les maisons disponibles, même celle de Sparz. Les séminaristes venus d'ailleurs (pratiquement tous) durent chercher un logement chez l'habitant. Mon frère et moi rentrâmes alors définitivement à la maison. Mais il était évident que la guerre allait durer encore longtemps, et elle se rapprochait de nous de plus en plus dangereusement. Mon frère avait dix-sept ans, moi quatorze. Peut-être serais-je épargné ; mais il était à prévoir que mon frère n'aurait pas d'échappatoire : en effet, en été 1942, il fut appelé d'abord au service dit national de travail obligatoire, puis sous les drapeaux, à l'automne, où il fut affecté comme radio dans les transmissions. Après des séjours en France, aux Pays-Bas, en Tchécoslovaquie, il fut envoyé en 1944 sur le front italien, où il fut blessé, ce qui lui valut d'être miraculeusement hospitalisé au séminaire de Traunstein, où il avait passé de si belles années. Mais dès la fin de sa convalescence, il dut retourner au front italien.

Quant à moi, malgré toute l'austérité de ce contexte historique, j'avais en perspective une belle année à la maison et au lycée de Traunstein. Les classiques grecs et latins m'enthousiasmaient ; j'en vins même à aimer les mathématiques ; mais, surtout, je découvris alors la littérature. Je lus Goethe avec passion, tandis que Schiller me paraissait un peu trop moraliste. J'aimais particulièrement les auteurs du XIX^e^ siècle : Eichendorff, Mörike, Storm, Stifter, tandis que certains comme Raabe et Kleist me demeuraient étrangers. Naturellement, je me mis moi-même à composer avec zèle des poèmes et abordai avec une joie nouvelle les textes liturgiques, dont je tentai de donner une traduction meilleure et plus vivante. Je vécus une période exaltante et pleine d'espérance, découvrant peu à peu la grandeur et la beauté du monde inépuisable de l'esprit. En même temps, bien sûr, les journaux annonçaient presque chaque jour un disparu, et presque chaque jour on devait célébrer une messe des morts pour un homme jeune. Les noms nous étaient de plus en plus proches ; parmi eux, un nombre toujours plus grand de camarades de lycée, que nous avions connus encore peu de temps auparavant pleins de joie de vivre et de confiance.

IV

# SERVICE DE GUERRE ET CAPTIVITÉ

Étant donné l'usure de plus en plus grande des troupes, les dirigeants avaient imaginé autre chose en 1943. Constatant que les pensionnaires, éloignés de leurs familles, devaient vivre en communauté, rien ne s'opposait à ce qu'ils déplacent leur internat, notamment vers les unités de la défense antiaérienne (DCA). De toute façon, comme ils ne pouvaient pas passer toutes leurs journées à apprendre, il parut tout à fait normal de les utiliser pendant leur temps libre à servir dans la défense contre les avions ennemis. En pratique, je n'étais plus au pensionnat depuis longtemps, mais je faisais juridiquement partie du petit séminaire de Traunstein. C'est ainsi que le petit groupe de séminaristes de ma classe – promotions 1926 et 1927 – fut appelé à Munich à la DCA. À seize ans, je dus alors mener une vie de « pensionnaire » très particulière. Nous étions logés dans des baraquements comme les soldats de l'armée régulière ; on nous revêtit du même uniforme et nous avions le même service, à cette différence près que nous pouvions suivre des cours parallèlement, dispensés par les professeurs du célèbre lycée Maximilianeum de Munich. Ce fut à maints égards une expérience intéressante. Avec les élèves réguliers de ce lycée, eux aussi appelés à la DCA, nous formions une classe, découvrant ainsi un monde nouveau. Nous, les séminaristes de Traunstein, étions certes meilleurs en latin et en grec, mais nous étions parfaitement conscients d'être des provinciaux face à nos nouveaux camarades auxquels la riche vie culturelle de la métropole avait ouvert d'autres horizons. Au début les frictions étaient fréquentes, mais nous avons ensuite grandi ensemble et formé un bon groupe.

Notre première affectation fut Ludwigsfeld au nord de Munich, où nous devions protéger une filiale de BMW qui fabriquait des moteurs d'avion. Puis ce fut Unterföhring, au nord-est de Munich, et pour quelque temps Innsbruck, dont la gare avait été détruite et qui semblait nécessiter une protection. Lorsque les attaques cessèrent, nous fûmes finalement déplacés à Gilching, au nord du lac Ammersee, avec une double mission : défendre les usines Dornier toutes proches, d'où décollèrent les premiers chasseurs à réaction, et, d'une manière générale, empêcher les pilotes alliés, regroupés dans cette zone pour attaquer Munich, de progresser vers la capitale.

Inutile de préciser que le temps passé à la DCA me causa bien du tort, surtout à moi qui étais si peu enclin aux choses militaires. Mais je garde un très bon souvenir de Gilching. J'y faisais partie des transmissions radio et le sous-officier dont nous dépendions défendit, inflexible, l'autonomie de notre groupe. Nous étions dispensés de tout entraînement militaire, et nul n'osait se mêler à notre petit groupe. Cette autonomie atteignit son summum le jour où je fus affecté à l'unité voisine, dans laquelle j'obtins même – pour des raisons inexplicables – une véritable chambre à un lit, bien que rudimentaire, pour moi tout seul. En dehors de mes heures de service, je pouvais faire ce que je voulais et m'adonner librement à mes centres d'intérêt. Il existait en outre un groupe étonnamment important et actif de catholiques qui organisaient même des cours de catéchisme et obtenaient d'aller à l'église à l'occasion. Cet été-là s'est donc, paradoxalement, gravé dans ma mémoire comme une formidable période d'indépendance.

Bien sûr, le climat historique général n'était rien moins qu'encourageant. Dès le printemps, notre unité subit une attaque directe, qui se solda par un mort et plusieurs blessés. En été, Munich fut l'objet d'attaques systématiques d'envergure. Nous avions le droit d'aller en ville trois fois par semaine et de nous rendre au lycée Maximilianeum pour suivre nos cours. Mais nous voyions à chaque fois de nouvelles destructions effrayantes et la ville tomber en ruine pan par pan. La fumée et l'odeur des incendies emplissaient l'air de plus en plus. Même les trajets réguliers en chemin de fer finirent par ne plus être possibles. Dans cette situation, la grande majorité d'entre nous considérait comme un signe d'espoir le débarquement en

France des Alliés occidentaux, enfin commencée en juin. Au fond, grande était notre confiance envers les puissances occidentales, dans l'espoir que leur sentiment du droit et de la justice aiderait l'Allemagne à retrouver une vie nouvelle et paisible. Mais qui d'entre nous en serait le témoin ? Aucun de nous ne pouvait être sûr de revenir vivant de cet enfer.

Le 10 septembre 1944, arrivés entre-temps à l'âge du service militaire, nous fûmes libérés de la DCA, où nous avions servi en tant qu'étudiants. Lorsque je rentrai à la maison, l'appel au service national de travail obligatoire m'attendait. Le 20 septembre, un trajet interminable nous amena en Burgenland, où nous fûmes affectés (beaucoup d'amis du lycée de Traunstein en étaient). Dans ce territoire se jouxtent trois pays : Autriche, Tchécoslovaquie, Hongrie. Les semaines passées au service de travail obligatoire restent pour moi un souvenir oppressant : beaucoup de nos supérieurs étaient d'anciens membres de la Légion dite autrichienne, d'anciens nazis ayant fait de la prison sous la présidence du chancelier Dollfuss, des idéologues fanatiques, qui nous tyrannisaient littéralement. Une nuit, on vint nous tirer du lit à moitié endormis pour nous rassembler en survêtement. Un officier SS nous fit avancer un par un et, en exposant chacun devant tout le monde, profita de notre fatigue pour essayer de nous extorquer une inscription « volontaire » aux Waffen-SS. C'est ainsi qu'un grand nombre de braves camarades ont été poussés de force dans ce groupe criminel. Avec quelques autres, j'eus la chance de pouvoir dire mon intention de devenir prêtre catholique. On nous renvoya sous les quolibets et les jurons ; mais ces jurons avaient un goût sublime, car ils nous libérèrent de la menace de cette « liberté » fallacieuse et de toutes ses conséquences.

Nous fûmes tout d'abord formés selon le rite inventé dans les années trente, orienté vers une sorte de culte de la bêche, c'est-à-dire de culte du travail comme pouvoir rédempteur. Comme à l'armée, on nous apprit de façon pointilleuse à poser, prendre, lancer la bêche cérémonieusement par-dessus l'épaule ; le nettoyage de la bêche, où ne devait rester aucun grain de poussière, comptait parmi les éléments essentiels de cette pseudo-liturgie. Ce monde trompeur s'effondra du jour au lendemain lorsque la Hongrie voisine, à la frontière de laquelle nous étions stationnés, capitula en octobre devant les Russes, qui avaient pénétré profondément à l'intérieur du pays. De loin, nous croyions entendre le fracas de l'artillerie. Le front se rapprochait. Dès lors, le rituel de la bêche prit fin ; nous devions repartir jour après jour, afin de dresser un « rempart sud-est » : barrières antichars, tranchées, que nous devions creuser à travers les sols glaiseux et fertiles des vignes de Burgenland avec une immense armée de travailleurs soi-disant volontaires de tous les pays d'Europe. Lorsque nous rentrions fatigués le soir à la maison, nous suspendions les bêches au mur (alors qu'auparavant il ne devait pas s'y trouver le moindre grain de poussière), pleines de gros morceaux de glaise, sans que personne y trouvât à redire. Et c'est justement la désacralisation de cet outil banal de tous les jours qui nous fit sentir la profondeur de l'effondrement en train de se produire. Toute une liturgie, recouvrant un monde caché, se révélait mensongère.

Il était d'usage que les hommes du service de travail obligatoire soient repris dans l'armée. Nous nous y attendions. Mais à notre grande et heureuse surprise, il en alla autrement. À la fin, les travaux de fortification furent interrompus, nous logions sans affectation précise dans notre camp, où s'étaient tus les cris de commandement et où régnait un silence étrange et lourd. Le 20 novembre, on nous rendit nos valises avec nos vêtements civils et nous fûmes expédiés à la gare pour rentrer chez nous. Le voyage fut sans cesse interrompu par les alertes aériennes. Vienne, encore épargnée en septembre par la guerre, montrait maintenant les cicatrices des bombardements. Certes, je fus encore plus touché de savoir que dans ma chère Salzbourg la gare était en ruine et que, comme on pouvait le voir de loin, la grande cathédrale Renaissance, joyau de la ville, avait été gravement endommagée ; car si je me souviens bien, la coupole s'était effondrée. Et comme nous traversions Traunstein en train, à cause de la menace aérienne, il ne nous restait plus qu'à sauter. C'était une magnifique journée d'automne. Les arbres étaient couverts de givre ; les montagnes brillaient sous le soleil de l'après-midi. Rarement j'ai ressenti aussi vivement la beauté du pays natal que lors de ce retour d'un monde défiguré par la haine et l'idéologie.

Par miracle, je ne trouvai pas d'incorporation sur la table comme je m'y attendais. Presque trois semaines de remise en forme extérieure et intérieure m'étaient donc accordées. Nous fûmes alors appelés à Munich et répartis selon nos diverses affectations. L'officier responsable semblait prendre largement ses distances par rapport à la guerre et au régime hitlérien : il faisait preuve d'une grande compréhension envers nous et s'efforçait de nous donner le meilleur, pour lui comme pour nous. Ainsi il m'affecta à la caserne d'infanterie de Traunstein et m'encouragea avec une bonté paternelle à prendre quelques jours supplémentaires à la maison pour aborder la situation sans hâte. L'atmosphère de la caserne se différenciait agréablement de celle du service de travail obligatoire. Le chef de la compagnie était bien un brailleur, apparemment toujours dévoué au nazisme ; mais nos instructeurs étaient des hommes d'expérience qui en avaient assez des horreurs de la guerre sur le front et ne voulaient pas nous rendre la vie plus dure qu'elle ne l'était déjà. Nous avons fêté Noël dans notre chambrée dans un climat pesant. Dans la même troupe que nous, les jeunes, se trouvaient plusieurs pères de famille d'une quarantaine d'années qui, malgré des problèmes de santé, avaient été appelés sous les drapeaux au cours de la dernière année de guerre. Leur nostalgie du foyer familial me toucha profondément. C'était assez dur pour eux d'être encore soumis à l'entraînement militaire comme de petits écoliers, avec nous qui avions vingt ans de moins. À la fin de la formation de base, nous fûmes mutés dès la mi-janvier dans des lieux toujours différents, dans le périmètre de Traunstein ; mais je tombai malade début février et j'en fus largement exempté. Curieusement, nous ne fûmes pas appelés au front qui se rapprochait de plus en plus ; mais on nous donna de nouveaux uniformes et nous dûmes traverser Traunstein au pas militaire, des chants de guerre sur les lèvres, peut-être pour montrer à la population civile que le « Führer » disposait toujours d'une armée toute fraîche de jeunes soldats. La mort d'Hitler vint renforcer l'espoir d'une fin prochaine. Mais la lenteur de la progression américaine repoussait toujours le jour de la libération.

Fin avril ou début mai, je ne sais plus très bien, je décidai de rentrer à la maison. Je savais que la ville était cernée par les soldats qui avaient ordre de tirer immédiatement sur les déserteurs. C'est pourquoi j'empruntai un chemin de traverse peu connu dans l'espoir d'arriver sans dommage. Mais, au moment où je sortais d'un passage de chemin de fer, deux soldats menaient la garde, et la situation fut un instant extrêmement critique pour moi. C'étaient, Dieu merci, des hommes qui en avaient eux aussi assez de la guerre et ne voulaient pas devenir des meurtriers. Ils durent trouver un prétexte pour pouvoir me laisser passer. Blessé, j'avais le bras en bandoulière. Ils dirent donc : « Camarade, tu es blessé. Va ton chemin. » De cette façon, je rentrai sain et sauf à la maison où étaient attablées des religieuses du couvent des Sœurs de Mary

Ward avec qui ma sœur était liée. Elles étudiaient une carte routière en essayant de découvrir quand on pourrait enfin compter sur l'arrivée des Américains. Lorsque j'entrai, elles pensèrent que la présence d'un soldat à la maison serait sécurisante. Naturellement, c'est le contraire qui était vrai. Au cours des jours suivants, un brigadier de l'armée de l'air fut cantonné chez nous, un catholique berlinois sympathique qui, curieusement, continuait – avec une logique tout à fait inexplicable pour nous – à croire à la victoire de l'« Empire allemand ». Mon père, qui discutait abondamment avec lui à ce sujet, finit par le convaincre du contraire. Puis deux SS furent logés dans notre maison ; la situation devint alors doublement dangereuse : il ne pouvait leur échapper que j'avais l'âge d'être soldat, et ils se mirent à étudier ma situation. On savait que des SS avaient pendu à des arbres plusieurs soldats des environs qui avaient quitté leur troupe. En outre, mon père ne put s'empêcher de leur lancer aussitôt à la face toute sa colère contre Hitler, ce qui aurait normalement dû lui coûter la vie. Mais un bon ange semblait nous protéger : les deux hommes disparurent le lendemain, sans avoir fait de mal.

Enfin, les Américains entrèrent dans notre village. Bien que notre maison fût dénuée de confort, ils la choisirent comme quartier général. Je fus reconnu comme soldat et dus remettre l'uniforme déjà rangé, lever les mains et prendre place dans les rangs de prisonniers de guerre qui ne cessaient de grossir, stationnés sur notre prairie. Notre chère maman fut particulièrement saisie de voir son fils avec le reste de l'armée vaincue gardé prisonnier par les Américains armés jusqu'aux dents, dans l'attente d'une destination inconnue. Nous espérions être bientôt relâchés, mais papa et maman me glissèrent des choses utiles pour la route, tandis que je mis moi-même dans ma poche un grand cahier vierge et un crayon à papier – un choix apparemment bien peu pratique –, mais ce cahier m'a justement servi de merveilleux compagnon, car je pus y noter jour après jour toutes sortes de pensées et réflexions ; j'ai même composé des hexamètres grecs. Nous avons marché pendant trois jours, formant un défilé qui s'allongeait au fur et à mesure que nous avancions sur l'autoroute déserte en direction de Bad Aibling. Des soldats américains nous photographièrent, surtout les plus jeunes, et aussi les vieux, afin d'emporter chez eux des souvenirs de l'armée vaincue et de l'état désolant de ses troupes. Nous restâmes d'abord quelques jours étendus en plein champ, sur l'aéroport militaire de Bad Aibling, avant d'être dirigés sur un énorme terrain cultivé près d'Ulm, où environ 50 000 prisonniers devaient être « logés ». Manifestement, les Américains étaient, eux aussi, dépassés par le nombre. Jusqu'à la fin de notre captivité, nous restâmes couchés à la belle étoile. Notre ration quotidienne se composait d'une louche de soupe et d'un peu de pain. Quelques heureux avaient emporté une tente. Et lorsque la pluie survint, après une longue période de beau temps, des groupes se formèrent autour de chaque tente, cherchant un abri de fortune face aux intempéries. Devant nous, se dressait à l'horizon le majestueux édifice de la cathédrale d'Ulm, dont la vue était pour moi comme un signe consolant de la foi toujours présente de l'humanité. Dans le camp même naissaient de plus en plus d'initiatives de solidarité. Quelques prêtres étaient là qui célébraient chaque jour la sainte messe en plein air ; un groupe de participants se réunissait, certes peu nombreux mais reconnaissants. Des étudiants de théologie en fin d'études, mais aussi des universitaires de diverses disciplines : juristes, historiens d'art, philosophes, se retrouvèrent et mirent sur pied un vaste programme de conférences, structurant les journées vides, transmettant des connaissances et suscitant lentement des amitiés par-delà les blocs du camp. Nous vivions sans montre, sans calendrier, sans journaux. Seuls des bruits, souvent curieusement nourris et confus, laissaient passer quelque chose des événements du monde dans notre univers à part, protégé par les fils barbelés.

Vers le début juin, si mes souvenirs sont bons, eurent lieu les premières libérations, et chaque place laissée vide dans nos colonies était un signe d'espoir. On procéda par corps de métier : les agriculteurs d'abord, les écoliers et étudiants, en dernier – car les moins utiles vu les circonstances. Plus d'un universitaire se déclara agriculteur pour la circonstance (ce qui est bien compréhensible), et beaucoup se souvinrent d'un parent ou d'une connaissance éloignés de Bavière, pour y être libérés, car la zone américaine semblait la plus sûre et la plus prometteuse. Enfin, ce fut mon tour. Le 19 juin 1945, j'avais à passer les différents contrôles et examens, avant de tenir en main, radieux, le certificat de libération, par lequel la fin de la guerre devenait aussi pour moi réalité. Des camions américains nous transportèrent jusqu'à la périphérie nord de Munich ; puis ce serait à chacun de se débrouiller pour rentrer chez lui. Je me joignis à un jeune homme de Trostberg, près de Traunstein, pour faire route avec lui. En trois jours, nous espérions parcourir les cent vingt kilomètres qui nous séparaient de nos foyers et, en cours de route, passer la nuit chez des fermiers qui nous donneraient un petit casse-croûte. Nous sortions d'Ottobrunn, lorsqu'un camion alimenté au gazogène à bois nous dépassa, avec un chargement de lait. Nous étions tous deux trop timides pour lui faire signe, mais le conducteur s'arrêta de lui-même et demanda où nous allions. Il rit quand nous répondîmes que notre destination était Traunstein, car il travaillait pour une laiterie de Traunstein et rentrait chez lui. C'est ainsi que, contre toute attente, j'arrivai dans « ma » ville avant même le coucher du soleil. À cet instant, la Jérusalem céleste n'aurait pu me paraître plus belle. Depuis l'église, j'entendais prier et chanter ; c'était le soir du vendredi, jour du Sacré-Cœur. Ne voulant donc pas gêner, je n'entrai pas mais me hâtai vers la maison, aussi vite que je pus. Mon père n'en revenait pas de me voir vivant, devant lui, tout à coup ; maman et ma sœur étaient à l'église. Sur le chemin du retour, elles apprirent par des jeunes filles qu'elles m'avaient vu passer en courant. De ma vie, je n'ai trouvé un repas aussi délicieux que le simple dîner que notre mère me prépara avec les produits du jardin.

À vrai dire, quelque chose manquait encore pour que notre joie fût complète : nous n'avions aucune nouvelle de mon frère depuis début avril. Il régnait donc une inquiétude silencieuse à la maison. Nous fûmes d'autant plus heureux de percevoir soudain des pas, un beau jour de juillet, et de revoir tout à coup parmi nous, hâlé par le soleil d'Italie, celui qui avait été longtemps porté disparu, et qui entonna alors au piano, soulagé et reconnaissant, le cantique « Dieu Très-Haut, nous te louons ». Les mois qui suivirent notre liberté retrouvée, que nous apprîmes alors à apprécier à sa juste valeur, sont un des plus beaux souvenirs de ma vie. Peu à peu, ceux qui avaient été séparés se retrouvaient ; nous nous cherchions les uns les autres, échangions nos souvenirs et nos projets de vie nouvelle. Mon frère et moi nous efforçâmes de toutes nos forces, avec d'autres rapatriés, de rendre à sa destination première le séminaire passablement abandonné par ses six années de transformation en hôpital. Dans une Allemagne dévastée et économiquement mise à terre, on ne trouvait pas de livres à acheter. Mais, chez le curé et au séminaire, nous pûmes en trouver quelques-uns à emprunter et nous risquer sur la terre inconnue de la philosophie et de la théologie. Mon frère s'adonna avec passion à la musique, son charisme spécial. À Noël, nous pûmes organiser une réunion d'anciens. Beaucoup étaient tombés au champ de bataille, et nous qui étions rentrés chez nous en avions d'autant plus de reconnaissance pour le don de la vie et l'espérance qui renaissait par-delà toutes les destructions.

V

# AU SÉMINAIRE DE FREISING

Le grand séminaire de Freising, lieu de notre destination, ayant servi d'hôpital pour les prisonniers de guerre étrangers qu'on soignait sur le chemin du retour, ne pouvait ouvrir ses portes rapidement. Un premier petit groupe des cours supérieurs avait pu s'installer, en novembre 1945, dans les quelques pièces libérées. À Noël, on avait fait place tant bien que mal aux autres postulants, bien qu'une grande partie de la maison fît encore office d'hôpital. Les 120 séminaristes qui se retrouvèrent à Freising en vue du sacerdoce formaient un groupe fort différencié. Les tranches d'âge s'échelonnaient de quarante à vingt ans, voire moins de dix-neuf ; nous faisions partie de celle-ci. Beaucoup avaient fait toute la guerre, presque tous avaient servi quelques années comme soldats et avaient traversé des épreuves et des horreurs qui les avaient marqués pour la vie. Il était compréhensible que certains des « vieux » soldats nous regardent de haut comme des enfants immatures : il nous manquait d'avoir assez souffert, d'avoir traversé ces nuits noires où le « oui » au sacerdoce peut trouver sa pleine mesure. Mais, malgré l'énorme différence d'expériences et d'horizons, une grande reconnaissance nous liait tous d'avoir pu revenir du gouffre de ces dures années ; et cette reconnaissance nous donnait à tous la forte volonté de rattraper enfin le temps perdu et de servir le Christ dans son Église en vue de temps nouveaux et meilleurs, d'une Allemagne meilleure, d'un monde meilleur. Et nul ne doutait que l'Église fût le lieu de nos espérances. En dépit de certaines faiblesses humaines, elle faisait contrepoids à l'idéologie dévastatrice des Chemises brunes ; dans l'enfer qui avait englouti les puissants, elle avait tenu bon, avec sa force qui vient de l'éternité. Elle avait fait ses preuves : les portes de l'enfer ne prévaudront point contre elle. Nous savions désormais, pour les avoir vues de nos yeux, ce que sont les « portes » de l'enfer, et nous pouvions aussi voir de nos yeux que la Maison, bâtie sur le roc, avait tenu bon.

Action de grâce et volonté de repartir, d'agir dans l'Église et pour le monde : tels étaient les sentiments qui animaient la maison. Il s'y ajoutait une soif de connaissance, qui avait grandi au cours des années d'indigence et de dépendance du moloch du pouvoir éloigné du monde de l'esprit. Les livres étaient rares dans une Allemagne détruite et coupée du reste du monde. Mais, malgré les bombardements qui avaient également sévi au séminaire, il restait une très bonne bibliothèque de travail, capable de calmer notre première faim. Nos centres d'intérêt étaient multiples : nous ne voulions pas nous contenter de faire de la théologie au sens étroit du terme, mais écouter l'homme d'aujourd'hui. On dévorait les romans de

Gertrude von Le Fort, Elisabeth Langgässer, Ernst Wiechert. Dostoïevski était de ces auteurs que tout le monde lisait, et puis les grands auteurs français : Claudel, Bernanos, Mauriac. On suivait même avec intérêt les dernières évolutions des sciences naturelles. On croyait qu'elles menaient de nouveau à Dieu avec la révolution opérée par Planck, Heisenberg, Einstein. L'orientation antireligieuse qui avait atteint son sommet chez Haeckel était stoppée, ce qui redonnait courage. Le philosophe munichois Aloys Wenzel, issu du monde de la physique, écrivit une *Philosophie de la liberté* qui trouva une vaste audience : il tentait de montrer que le déterminisme en physique classique, excluant Dieu, s'effaçait devant une conception ouverte du monde laissant place à ce qui était nouveau, imprévisible et impondérable. Dans les domaines théologique et philosophique, Romano Guardini, Josef Pieper, Theodor Häcker et Peter Wust étaient les auteurs qui nous touchaient le plus directement.

Signe important de la Providence : le préfet attribué à notre salle d'études (il n'y avait pas de bureaux individuels) était un théologien juste rentré de captivité en Angleterre : Alfred Läpple, qui devait par la suite enseigner la pédagogie religieuse à Salzbourg et devenir un auteur célèbre, parmi les plus féconds de notre époque. Déjà avant la guerre, il avait entamé à Munich une thèse de doctorat en théologie auprès du professeur de théologie morale Theodor Steinbüchel sur la notion de conscience chez le cardinal Newman ;

il devint un grand inspirateur par l'étendue de ses connaissances en histoire de la philosophie et son goût de la discussion. Je lus les deux tomes des fondements philosophiques de la théologie morale de Steinbüchel, dont la nouvelle édition venait de paraître, et y trouvai avant tout une excellente introduction à la pensée de Heidegger et de Jaspers ainsi qu'aux philosophies de Nietzsche, Klages et Bergson. Pour moi, l'ouvrage de Steinbüchel, *La Révolution de la pensée*, fut presque plus important. De même qu'on croyait en physique pouvoir abandonner une conception mécaniste et établir une nouvelle ouverture sur l'inconnu et par conséquent sur « l'Inconnu connu », Dieu, de même pouvait-on constater, en philosophie, un nouveau retour à la métaphysique devenue inaccessible depuis Kant. Steinbüchel, qui avait commencé par étudier Hegel et le socialisme, symbolisait dans l'ouvrage cité l'éclosion du personnalisme essentiellement due à Ferdinand Ebner, et qui fut aussi pour lui-même un tournant dans son cheminement intellectuel. La découverte du personnalisme, que nous trouvâmes réalisée avec une force de conviction nouvelle chez le grand penseur juif Martin Buber, fut pour moi une expérience intellectuelle marquante, ce personnalisme se rattachant à mes yeux par lui-même à la pensée de saint Augustin, que je découvris dans les *Confessions*, avec toute sa passion et sa profondeur humaines. En revanche, j'avais du mal à comprendre saint Thomas d'Aquin, dont la logique cristalline me paraissait bien trop fermée sur elle-même, trop impersonnelle et trop stéréotypée. C'était peut-être dû au thomisme néo-scolastique rigide que nous exposait le philosophe de notre faculté, Arnold Wilmsen. Ce dernier était d'ailleurs un homme intéressant : ouvrier dans la Ruhr, sa soif de connaissance l'avait conduit à faire des économies pour étudier la philosophie. La nouvelle phénoménologie issue de Husserl enseignée par ses professeurs de Munich l'avait marqué, sans le satisfaire. Il était donc parti pour Rome et trouva ce qu'il cherchait dans la philosophie thomiste enseignée là-bas. Son enthousiasme et sa conviction profonde impressionnaient, mais il semblait ne plus se poser de questions, se contentant désormais de défendre avec passion ses découvertes, contre toute objection. Or, nous étions jeunes et nous nous posions justement des questions. En revanche, un cours sur deux ans du jeune maître de conférences Jakob Fellermaier sur l'histoire de la philosophie nous fut plus utile : il nous donna un aperçu général de l'effort intellectuel de Socrate et des présocratiques jusqu'à nos jours, nous donnant ainsi des bases, ce dont je lui suis encore aujourd'hui reconnaissant.

Comme je le disais, cette soif commune de connaissance nous donna des ailes pour étudier. Mais nos études trouvèrent aussi leur véritable place humaine grâce à l'atmosphère communautaire familiale qui régnait au séminaire, en dépit des différences d'âge et de notre formation intellectuelle. Notre supérieur de l'époque, Michael Höck, qui avait passé cinq ans dans le camp de concentration de Dachau, y fut pour quelque chose. Sa sensibilité et sa cordialité lui valurent bientôt le surnom de « père ». On faisait aussi beaucoup de musique et de théâtre dans la maison, à l'occasion des fêtes. Les grandes célébrations liturgiques à la cathédrale, en particulier, ainsi que la prière silencieuse dans la chapelle du séminaire restent de précieux souvenirs. La stature imposante du vieux cardinal Faulhaber me fit forte impression. On sentait concrètement le poids des souffrances qu'il avait endurées sous les nazis. Elles l'enveloppaient à présent d'une dignité invisible. Nous ne cherchions pas en lui « un évêque accessible » ; ce qui me touchait bien davantage, c'est la grandeur de sa mission, à laquelle il s'était identifié, forçant le respect.

# VI

# ÉTUDES DE THÉOLOGIE À MUNICH

Comme prévu au programme, les deux années d'études de philosophie se terminèrent l'été 1947, et il fallait prendre une nouvelle décision. Je m'explique, en remontant un peu dans le temps. En Bavière, il y avait à l'époque deux facultés de théologie situées dans les universités d'État : Munich et Wurzbourg. À Eichstätt se trouvait un séminaire tridentin au sens strict, c'est-à-dire un grand séminaire doté d'un corps professoral sous la dépendance directe de l'évêque, et chargé de la formation théologique. Cinq diocèses, dont Munich-Freising, comportaient chacun un grand séminaire diocésain, dont dépendait une faculté publique de théologie. Le siège du séminaire et de la faculté de notre diocèse était Freising. La faculté de théologie de Munich ne servait donc pas à la formation des prêtres d'un seul diocèse ; par conséquent, il n'y avait pas non plus de grand séminaire diocésain à Munich mais ce que l'on appelle le Herzogliches Georgianum, fondé en 1494 par le duc Georges le Riche à Ingolstadt pour les aspirants au sacerdoce de toute la Bavière. Cette institution se déplaça avec l'université d'Ingolstadt d'abord à Landshut, puis à

Munich. Après la création des séminaires diocésains, elle fut destinée à l'accueil des théologiens désireux d'étudier à l'université avec l'autorisation de leur évêque. Avec deux autres étudiants de ma promotion, je décidai de demander à l'évêque l'autorisation d'étudier à Munich. Elle nous fut accordée. Grâce à mes travaux universitaires, j'espérais pouvoir prendre part encore plus intensément aux discussions intellectuelles de notre époque et, un jour peut-être, me consacrer entièrement à la théologie scientifique.

La pénurie de carburant ne permettant pas d'effectuer un semestre d'hiver normal, l'année universitaire 1947-1948 commença dès le 1er septembre, ce qui nous valut d'être en vacances de Noël à Pâques, soit trois mois et demi. C'est ainsi que nous arrivâmes à Munich dès la fin du mois d'août pour les exercices spirituels qui introduisaient l'année universitaire. La plus grande partie de l'université était encore en ruine ; même la bibliothèque était toujours inaccessible. La faculté de théologie avait trouvé un refuge provisoire dans l'ancien pavillon de chasse royal de Fürstenried au sud de Munich. C'est là que le malheureux roi Otto avait passé dans la folie des dizaines d'années avant la Première Guerre mondiale. À la fin de la monarchie, l'archidiocèse avait acquis le petit château et y avait établi une maison pour retraites spirituelles. Durant la pénurie des années vingt, on avait construit deux modestes annexes, dans lesquelles fut installé un séminaire pour vocations tardives. Ces deux bâtiments abritaient la faculté de théologie et le Georgianum. Il y régnait une très grande promiscuité : sous le même toit étaient logés deux professeurs, le secrétariat de la faculté et sa salle de réunions, les bibliothèques de théologie pastorale, d'histoire de l'Église et d'exégèse de l'Ancien et du Nouveau Testament du séminaire, ainsi que nos salles d'étude et nos dortoirs. Nous devions utiliser des lits superposés. Le premier jour, ouvrant des yeux endormis, je crus un instant que la guerre avait repris et que j'étais renvoyé dans notre unité antiaérienne. La nourriture était frugale, car on ne pouvait s'approvisionner à la ferme comme à Freising. Dans le château lui-même, on avait installé un petit hôpital, qui accueillait aussi les blessés étrangers, ainsi que la maison des retraitants. C'était merveilleux que le beau parc du château soit à notre disposition, avec ses deux parties : l'une aménagée à la française, l'autre à l'anglaise. Habité par toutes sortes de pensées, j'ai parcouru ce parc bien souvent ; c'est là qu'ont mûri mes décisions à l'époque, que j'ai essayé de méditer sur ce qui m'était transmis aux cours et de me forger un jugement personnel. L'atmosphère de la maison était plus sèche qu'à Freising. Il n'y régnait pas cette cordialité spontanée comme là-bas. La composition des résidents était trop hétérogène pour cela : étudiants venus de toute l'Allemagne, surtout du nord de notre pays, candidats au doctorat, déjà très avancés dans leurs travaux. L'intérêt intellectuel dominait et créait un certain individualisme, alors qu'à Freising, une volonté commune d'exercer bientôt un ministère pastoral tissa des liens beaucoup plus directs entre nous. L'accent mis sur les cours était plus fort, et ceux-ci suscitaient des intérêts communs, un échange de questions et de réponses.

J'attendais fiévreusement les cours de nos grands professeurs d'université. À vrai dire, le décor était particulier : faute d'une salle de cours, ceux-ci durent se tenir dans la serre du jardin du château, où nous saisissait une chaleur torride, à laquelle succédait un froid glacial en hiver. Mais ces circonstances extérieures ne nous gênaient guère. Je dois préciser que la faculté de théologie de Munich avait été supprimée en 1938 par les nazis, le cardinal Faulhaber ayant refusé son accord à un professeur connu pour être un partisan d'Hitler, nommé par le « régime » à la chaire de droit canonique. Compte tenu d'une telle ingérence antiscientifique, la liberté de la science n'était plus garantie, déclara le ministère nazi. La faculté de théologie de Munich ne pouvait continuer dans ces conditions.

La faculté dut donc être entièrement réorganisée après la guerre. On put faire appel au corps professoral de deux facultés : Breslau (Silésie) et Braunsberg (Prusse-Orientale), qui avaient cessé d'exister à cause de l'occupation polonaise des pays à l'est de la frontière Oder-Neisse et de l'extradition des Allemands. De Breslau vinrent les professeurs d'Ancien et de Nouveau Testament (Stummer et Maier) et d'histoire de l'Église (Seppelt) ; de Braunsberg, le professeur de théologie morale Egenter (un prêtre de Passau) et le spécialiste de théologie fondamentale Gottlieb Söhngen, natif de Cologne, qui incarnait avec le plus grand bonheur le tempérament rhénan. De Münster arriva Michael Schmaus, prêtre de l'archevêché de Munich, connu bien au-delà des frontières allemandes pour son manuel de dogmatique novateur : il avait abandonné le schéma néo-scolastique et fait un exposé vivant de la doctrine catholique dans l'esprit du mouvement liturgique et d'un retour à l'Écriture et aux Pères de l'Église, développé dans les années qui suivirent la Première Guerre mondiale. Schmaus fit venir de Münster deux autres grands érudits : le spécialiste en théologie pastorale Josef Pascher, qui avait exercé quelque temps à la faculté de Munich déjà avant la guerre, et le jeune canoniste Klaus Mörsdorf, qui pratiquait assidûment le droit canonique comme une discipline théologique : il le plaçait non pas en marge de la théologie mais au cœur de celle-ci, cherchant à le comprendre à partir de l'Incarnation – conséquence logique de l'Incarnation du Verbe qui s'était plié à la nécessité des formes institutionnelles et juridiques. Pascher avait suivi un cheminement intellectuel intéressant : il avait commencé par étudier les mathématiques, les langues orientales, puis la pédagogie des religions et la science religieuse ; il étudia ensuite la mystique de Philon d'Alexandrie, et enfin la liturgie, pour arriver à la théologie pastorale, qui devint sa véritable spécialité au cours des années qu'il passa à Munich. En qualité de recteur du Georgianum, il était chargé de notre formation humaine et sacerdotale. Une tâche qu'il assuma dans l'esprit de la liturgie et qui nous marqua tous profondément dans notre cheminement spirituel. Et ce sont précisément les parcours variés de nos professeurs d'université qui donnèrent à la faculté une grande envergure intellectuelle et une richesse intérieure, attirant par là des étudiants de toute l'Allemagne.

Incontestablement, la vedette de la faculté était à l'époque Friedrich Wilhelm Maier, professeur d'exégèse du Nouveau Testament. Il avait, lui aussi, un cursus inhabituel : jeune homme, il avait passé son doctorat à l'université de Strasbourg, alors rattachée au Reich, où d'ailleurs, à cette période, avant 1911, Michael Faulhaber était professeur d'Ancien Testament. Jeune et brillant érudit, il avait entrepris l'exégèse des Évangiles synoptiques en vue de la publication d'un commentaire biblique en préparation. Il y défendait avec zèle la théorie des deux sources généralement admise aujourd'hui, selon laquelle l'Évangile de Marc ainsi qu'une somme des discours de Jésus, à présent disparue (le document-source « Q »), constituaient les fondements des Synoptiques. Marc était donc la source des Évangiles, par conséquent plus récents, de Matthieu et de Luc. Cela démentait cette ancienne tradition remontant au IIe siècle et qui voit en Matthieu l'Évangile le plus ancien, écrit par l'Apôtre lui-même « en dialecte hébraïque ». Ainsi, Maier entra dans la querelle alors très violente du modernisme, au cœur de laquelle se situait précisément la question des Évangiles. Le savant français Loisy contestait très largement la crédibilité des Évangiles. Les théories de l'exégèse libérale semblaient même menacer les fondements de la foi, problème non encore résolu de nos jours. La thèse de Maier fut considérée comme une sorte de capitulation devant le libéralisme. Il fut démis de ses fonctions. Et il évoqua plus d'une fois le *recedat a cathedra* (il doit renoncer à la chaire), prononcé par Rome à son encontre. C'est ainsi qu'il devint d'abord aumônier militaire, fonction qu'il exerça pendant la Première Guerre mondiale, puis aumônier de prison, ce dont il garda un bon souvenir. Il put enfin revenir dans les années vingt à l'université où le climat avait changé : nommé en 1924 à Breslau professeur de Nouveau Testament, il ne tarda pas à gagner le cœur de son auditoire, comme à Munich par la suite. Mais il ne surmonta jamais tout à fait le traumatisme de sa destitution, et nourrit vis-à-vis de Rome une certaine amertume, qui s'étendit d'ailleurs à l'archevêque de Munich, à l'attitude trop peu collégiale à son goût. Malgré ces réserves, Maier était un homme profondément croyant et un prêtre soucieux de l'esprit sacerdotal des jeunes hommes qui lui étaient confiés.

Son cours était le seul pour lequel la serre devenait trop petite : il fallait arriver tôt pour obtenir une place. À maints égards, Maier appartenait à un monde déjà révolu. Il pratiquait encore la grande rhétorique du début du siècle, que je trouvai impressionnante au début, mais de plus en plus artificielle et dépassée. Même sa démarche exégétique restait celle de l'époque libérale. Certes, il avait lu et étudié avec un zèle admirable tout ce qui avait été publié depuis, mais finalement, il avait manqué le tournant que Bultmann et Barth avaient pris chacun à leur façon en matière d'exégèse. Quand je regarde en arrière, je dois dire qu'il était un exemple parfait de l'orientation vécue par Romano Guardini auprès de ses professeurs de Tübingen et qu'il qualifia de libéralisme limité par le dogme. Face à la nouvelle tendance que Guardini fut sans doute le premier à avoir mûrie en plein drame du modernisme, la position de Meier restait assurément en retrait : le dogme n'est pas efficace comme source génératrice, mais seulement dans sa fonction de lien, de négation et de barrière dans l'édification de la théologie.

Mais à presque cinquante ans de distance, je vois aussi tout ce que cela avait de positif : la libre investigation à partir de la méthode historico-libérale ouvre une voie aux Saintes Écritures et à de nouvelles dimensions du texte que ne permettait plus une lecture trop rigide du dogme. La Bible nous parle avec une fraîcheur et une immédiateté nouvelles. Mais ce qui était arbitraire dans la méthode libérale et affadissait la Bible (il n'est que de penser à Harnack et à son école) était rectifié par l'obéissance envers le dogme. L'équilibre entre dogme et libéralisme avait sa propre fécondité. J'ai donc suivi et travaillé tous les cours de Maier avec une grande attention pendant mes trois années d'études. Pour moi, l'exégèse est toujours restée au centre de mes travaux théologiques. Et c'est grâce à Maier que l'Écriture sainte fut vraiment « l'âme de nos études de théologie », comme le demande Vatican II. Bien que, peu à peu, j'aie ressenti plus fortement les faiblesses de l'approche de Maier, qui ne parvient pas à voir toute la profondeur de la figure du Christ, ce que j'ai entendu et appris de lui au plan méthodologique demeure pour moi fondamental.

Comparé à la figure marquante de Maier, le professeur chargé de l'Ancien Testament, Friedrich Stummer, était un homme silencieux et réservé, dont la force résidait dans ses travaux historiques et philologiques rigoureux, n'esquissant toutefois les grandes lignes théologiques qu'avec beaucoup de précaution. Mais j'ai justement beaucoup apprécié sa prudence et je suivis avec zèle non seulement ses cours mais aussi ses séminaires. C'est ainsi que j'appris à goûter l'Ancien Testament et à me familiariser avec lui ; j'ai de mieux en mieux compris que le Nouveau Testament n'est pas un autre livre d'une autre religion qui, pour une raison quelconque, se serait approprié les Saintes Écritures des Juifs comme une sorte de préfiguration. Le Nouveau Testament n'est autre que l'interprétation de « la Loi, des Prophètes et des Écritures » tirée de l'histoire de Jésus, donc contenue en elle, sources qui, au temps de Jésus, ne constituaient pas encore un canon définitif mais restaient ouvertes : par elles-mêmes elles témoignaient ainsi de Jésus auprès de ses disciples, comme les textes saints qui manifestaient son mystère. J'en suis venu à penser que le judaïsme (qui ne commence, *stricto sensu*, qu'à la fin de la constitution d'un Canon des Écritures, soit au Iᵉʳ siècle après Jésus-Christ) et la foi chrétienne exposée dans le Nouveau Testament sont deux modes différents d'appropriation des textes sacrés d'Israël, tous deux ultimement déterminés par la façon d'appréhender le personnage de Jésus de Nazareth. L'Écriture que nous nommons aujourd'hui Ancien Testament est en soi ouverte sur ces deux voies. Et nous n'avons en réalité commencé à comprendre qu'après la Seconde Guerre mondiale que l'interprétation juive « après Jésus-Christ » possède elle aussi son propre message théologique.

Revenons en 1947 : même nous, qui débutions en théologie, ne tardâmes pas à reconnaître que le groupe de Breslau se démarquait des enseignants venus de Münster et de Braunsberg non seulement par leur âge (tous les professeurs de Breslau avaient plus de soixante ans), mais parce qu'il représentait aussi une autre époque de la théologie. Les deux exégètes et, moins nettement, le spécialiste de l'histoire de l'Église incarnaient au bon sens du terme l'ère libérale. En particulier le trio d'enseignants de Münster, ainsi que les deux professeurs d'université venus de Braunsberg étaient marqués par le tournant théologique survenu avec le revirement général des mentalités après la Première Guerre mondiale. Avec ses millions de morts et toutes les horreurs qu'avait permis la technique au service de la guerre, la Première Guerre mondiale avait été vécue comme un effondrement du dogme libéral du progrès et, partant, de la conception libérale. Ce sont justement les conquêtes modernes qui ont rendu possibles les destructions de l'homme et de sa dignité, tout à fait impensables auparavant. Sous le choc de cette expérience, on se tourna de nouveau vers ce que l'on croyait déjà dépassé : vers l'Église, la liturgie, les sacrements, et cela non seulement dans les milieux catholiques, mais aussi, précisément, dans le monde protestant. L'*Épître aux Romains* de Karl Barth annonça le combat contre le libéralisme et le manifeste d'une nouvelle théologie délibérément ecclésiale. Ce n'est pas par hasard qu'il a diffusé dans le monde entier sa grande œuvre dogmatique sous le titre de *Kirchliche Dogmatik* (La Dogmatique). Le mouvement de jeunes qui se forma alors était en même temps le tenant d'une redécouverte de la liturgie. Comme illustration de cet état d'esprit s'opéra aussi un nouveau rapprochement des diverses confessions, une recherche passionnée de l'Église comme *Una Sancta*. Schmaus avait rédigé sa dogmatique dans cet esprit-là. Egenter, le moraliste, tenta avec d'autres – Fritz Tillmann et Theodor Steinbüchel en tête – de chercher une nouvelle forme de théologie morale, entendant s'éloigner largement de la casuistique et dépasser la prédominance du concept de nature pour le repenser entièrement à partir de l'idée de l'imitation de Jésus-Christ.

Mais ceux qui me marquèrent le plus, outre les exégètes, furent Söhngen et Pascher. Initialement, Söhngen avait voulu n'être que philosophe et débuta par une thèse sur Kant. Il appartenait à ce courant dynamique du thomisme qui empruntait à l'Aquinate sa passion de la Vérité et sa détermination à s'interroger sur la raison et le but de toute réalité, tout en replaçant délibérément cette démarche dans le contexte de l'interrogation philosophique actuelle. Du moins Husserl avait-il de nouveau ouvert une brèche à la métaphysique, que d'autres avaient élargie en grand, mais d'une tout autre façon. Heidegger s'interrogeait sur l'Être, Scheler sur les valeurs, Nikolai Hartmann tenta de développer une métaphysique dans un esprit strictement aristotélicien. Les circonstances extérieures amenèrent Söhngen à la théologie. Né d'un mariage mixte et hanté par la question œcuménique en raison de ses propres origines, il reprit la discussion avec Karl Barth et Emil Brunner de Zurich. Mais il s'adonna aussi avec une grande compétence à la théologie des mystères fondée par Odon Casel, bénédictin de Laach. Cette théologie était directement issue du mouvement liturgique mais posait avec une acuité nouvelle le problème fondamental du rapport de la rationalité et du mystère, de la place du platonisme et de la philosophie dans le christianisme, et celui du véritable caractère chrétien. Ce qui était caractéristique chez Söhngen, c'était qu'il partait toujours des sources elles-mêmes, à commencer par Aristote et Platon, en passant par Clément d'Alexandrie et Augustin jusqu'à Anselme, Bonaventure et Thomas, Luther et enfin, par les théologiens de Tübingen du siècle passé ; Pascal et Newman faisaient également partie de ses auteurs favoris. Il m'impressionna particulièrement en ceci qu'il ne se contentait jamais d'une sorte de positivisme théologique, comme on le sentait parfois dans d'autres disciplines, mais il se posa très sérieusement la question de la Vérité et ainsi celle de l'actualité de notre foi. Le théologien de la pastorale, Pascher, qui était aussi recteur de notre Georgianum, nous allait souvent droit au cœur par ses conférences spirituelles vivantes, s'adressant à nous personnellement, sans aucun cliché, à partir d'une riche expérience spirituelle. Son système éducatif reposait entièrement sur la Sainte Messe célébrée quotidiennement. Il nous en expliqua la nature et la structure lors d'un cours magistral de l'été 1948, déjà paru en 1947 sous la forme d'un ouvrage intitulé *Eucharistie*. J'avais gardé jusqu'alors certaines réserves par rapport au mouvement liturgique ; chez beaucoup de ses représentants je ressentais, d'une part, un rationalisme unilatéral et un historicisme par trop axé sur la forme et l'authenticité historique, et d'autre part, une étrange froideur envers la valeur des sentiments qui nous font expérimenter l'Église comme la patrie de l'âme. Certes, j'appréciais grandement le Schott, irremplaçable : l'accès à la liturgie et à sa juste célébration que ce missel avait ouvert était pour moi le côté indubitablement positif du mouvement liturgique. Mais j'étais gêné par une certaine étroitesse de cœur chez beaucoup de ses partisans qui n'admettaient qu'*une seule* forme.

Grâce aux cours de Pascher et à la manière respectueuse et pleine d'intériorité avec laquelle il nous apprit à célébrer la liturgie, je suis devenu un partisan du mouvement liturgique : de même que j'avais appris à comprendre le Nouveau Testament comme l'âme de toute théologie, je réalisai que la liturgie était source vitale, sans laquelle elle est vouée au dessèchement. C'est pourquoi au début du Concile, je vis dans l'élaboration de la Constitution sur la Liturgie, qui reprenait toutes les découvertes essentielles du mouvement liturgique, un magnifique point de départ pour l'assemblée ecclésiale, et conseillai le cardinal Frings en ce sens. Je ne pouvais prévoir que les aspects négatifs du mouvement liturgique réapparaîtraient de plus belle, conduisant tout droit à l'autodestruction de la liturgie.

En repensant aux années passionnantes de mes études de théologie, je ne peux que m'étonner de tout ce que l'on affirme aujourd'hui de l'Église « préconciliaire ». Nous vivions tous alors dans le sentiment, déjà présent dans les années vingt, du renouveau d'une théologie qui interrogeait avec un courage neuf, et d'une spiritualité débarrassée de ce qui était vieilli et poussiéreux, conduisant à réaccueillir la joie de la Rédemption. On comprenait que le dogme n'était pas un carcan, mais une source vive, ouvrant à de nouvelles connaissances. Pour nous, l'Église était vivante surtout dans la liturgie et le trésor de la tradition théologique. Nous n'avons pas pris à la légère l'exigence du célibat, mais nous étions convaincus de pouvoir faire confiance à l'expérience séculaire de l'Église et que le renoncement total qu'elle nous demandait serait fécond. Tandis que régnaient alors dans l'Allemagne catholique une joyeuse adhésion générale à la papauté et une vénération sincère pour la grande figure de Pie XII, le climat était légèrement plus frais à la faculté. La théologie qu'on nous enseignait était profondément marquée par la pensée historique, de sorte que le style des déclarations romaines, davantage empreint de tradition néo-scolastique, ne nous touchait guère. Peut-être l'orgueil germanique a-t-il un peu contribué à nous faire croire que nous en savions plus que ceux de « là, en bas ». Les expériences de notre vénéré professeur Maier nous faisaient douter de l'opportunité de certaines décisions romaines, d'autant que sa théorie des deux sources autrefois rejetée était entre-temps devenue monnaie courante. Mais de telles réserves et sentiments ne compromirent à aucun moment la profonde adhésion de notre foi au primat sous la forme définie par Vatican I.

J'aimerais dans ce contexte raconter un petit épisode capable, me semble-t-il, d'éclairer fort bien la situation. Lorsque le dogme de l'Assomption de la Vierge Marie fut sur le point d'être promulgué, on prit également l'avis des facultés de théologie du monde entier. La réponse de nos professeurs fut nettement négative, dévoilant la forme unilatérale d'une façon de penser non seulement historique mais historiciste. On identifia tradition et preuves textuelles. Le patrologue Altaner de Wurzbourg (venu lui aussi de Breslau) avait prouvé scientifiquement que la doctrine de l'Assomption de la Vierge Marie était inconnue avant le v^e^ siècle. Elle ne pouvait donc pas appartenir à la « tradition apostolique » : telle était sa conclusion, que partageaient les professeurs de Munich. Cet argument est convaincant, si l'on comprend la tradition comme la stricte transmission de contenus et de textes figés. C'était la position prise par nos professeurs. Mais si l'on comprend la tradition comme le processus vivant par lequel l'Esprit Saint nous introduit dans la Vérité tout entière et nous enseigne à comprendre ce que nous n'étions pas capables de saisir auparavant (cf. Jn 16, 12 ss), alors le « souvenir » ultérieur (cf., par ex., Jn 16, 4) peut reconnaître ce qui n'avait pas été entrevu auparavant, bien que transmis par le Verbe dès les origines. Mais une telle perspective était encore totalement inaccessible à la pensée théologique allemande. Dans le groupe de dialogue œcuménique dirigé par l'archevêque de Paderborn, Mgr Jäger, et l'évêque luthérien Stählin (le Conseil pour l'Unité est largement une émanation de ce groupe), Gottlieb Söhngen se prononça avec passion en 1949 contre l'éventualité du dogme. Le professeur protestant de théologie systématique Edmund Schlink, de Heidelberg, lui demanda sans ambages : mais qu'allez-vous faire si le dogme est déclaré ? Ne devrez-vous pas alors tourner le dos à l'Église catholique ? Après un instant de méditation, Söhngen répondit : si le dogme est prononcé, alors je me souviendrai que l'Église est plus sage que moi et je lui ferai plus confiance qu'à ma propre science. Je crois que cette petite scène en dit long sur l'esprit dans lequel la théologie se pratiquait à cet égard, avec esprit critique et avec foi.

À l'automne 1949, on put enfin réoccuper à peu près une aile du Georgianum de la Ludwigstrasse à Munich et on multiplia suffisamment le nombre des salles de cours disponibles à l'université faisant face à notre faculté pour nous permettre de revenir en ville. Nous vîmes bientôt qu'il restait beaucoup à faire : l'accès à nos salles du troisième étage se faisait par l'extérieur, au début à l'aide d'une échelle. Il fut enfin possible de suivre également les cours d'autres facultés, bien que l'approche des examens de fin d'année mît bientôt des limites à ces projets. L'avantage d'habiter en ville et de pouvoir travailler dans toute l'université n'était pas négligeable, mais j'en ressentis aussi très nettement l'inconvénient : à Fürstenried, nous avions tous, professeurs et étudiants, séminaristes et laïcs habitant en ville, vécu ensemble comme une grande famille. Cette immédiateté et cette proximité nous manquaient à présent. Ces années à Fürstenried restent ainsi dans ma mémoire comme l'époque d'un nouvel élan plein d'espérance et de confiance, mais aussi une période de grandes décisions éprouvantes. Lorsque à l'occasion je reviens au parc resté inchangé, les sentiers où j'ai marché sont si intimement liés aux chemins intérieurs parcourus que tout ce que j'ai vécu à l'époque revit devant mes yeux.

VII

# ORDINATION – PASTORALE – DOCTORAT

Après l'examen final de théologie en été 1950 se présenta une mission qui infléchit de façon décisive le cours de toute ma vie. À la faculté de théologie, il était d'usage d'organiser un concours qui devait être présenté au bout de neuf mois avec un mot de passe anonyme. Si un prix (consistant en une somme d'argent minime) était attribué à un travail, celui-ci était alors accepté automatiquement comme dissertation avec la mention *summa cum laude*, ouvrant alors au lauréat la porte du doctorat. Chaque année, c'était un professeur différent qui devait choisir le sujet, de sorte que toutes les disciplines théologiques étaient passées en revue. Gottlieb Söhngen me confia courant juillet que c'était lui qui choisirait le sujet cette année-là et qu'il comptait bien que je me risquerais à le présenter. Je me sentis engagé et attendis avec appréhension le moment de l'annonce officielle du sujet. Le maître avait choisi : « Peuple et Maison de Dieu dans la doctrine augustinienne de l'Église. » Ayant lu avec ardeur les Pères de l'Église les années précédentes et suivi aussi un séminaire de Söhngen sur saint Augustin, je pouvais risquer l'aventure.

Une autre circonstance vint à mon aide : à l'automne 1949, Alfred Läpple m'avait offert l'ouvrage sans doute le plus remarquable d'Henri de Lubac, le *Catholicisme*, dans la magistrale traduction de Hans Urs von Balthasar. Ce livre devint pour moi une lecture clé. Non seulement il renouvela et approfondit ma relation à la pensée des Pères de l'Église, mais aussi mon regard sur la théologie et la foi prises ensemble. La foi y était contemplation et redevenait actuelle grâce à la pensée des Pères. On ressentait dans cet ouvrage un éloignement tacite par rapport au libéralisme et au marxisme, la lutte dramatique du catholicisme français pour une nouvelle irruption de la foi dans la vie intellectuelle de notre époque. À partir d'un type de foi individualiste et moralement étriquée, Lubac ramenait ses lecteurs à la nouvelle liberté d'une foi essentiellement pensée et vécue dans une dimension communautaire qui, par nature, est aussi Espérance ; elle embrasse l'Histoire dans sa globalité, et ne se contente pas de promettre à chacun une béatitude individuelle. J'examinai alors les autres ouvrages de H. de Lubac et tirai particulièrement profit de son livre *Corpus mysticum*, qui m'ouvrit – par-delà tout ce que j'avais découvert chez Pascher, Schmaus et Söhngen – à une nouvelle compréhension de l'unité de l'Église et de l'Eucharistie. À partir de ces horizons nouveaux, je pus donc, comme on me le demandait, entamer un dialogue avec saint Augustin,

1943. Le jeune Joseph lors de son service
dans la défense antiaérienne allemande.

La maison natale du cardinal Ratzinger
et la plaque commémorative figurant sur la façade.

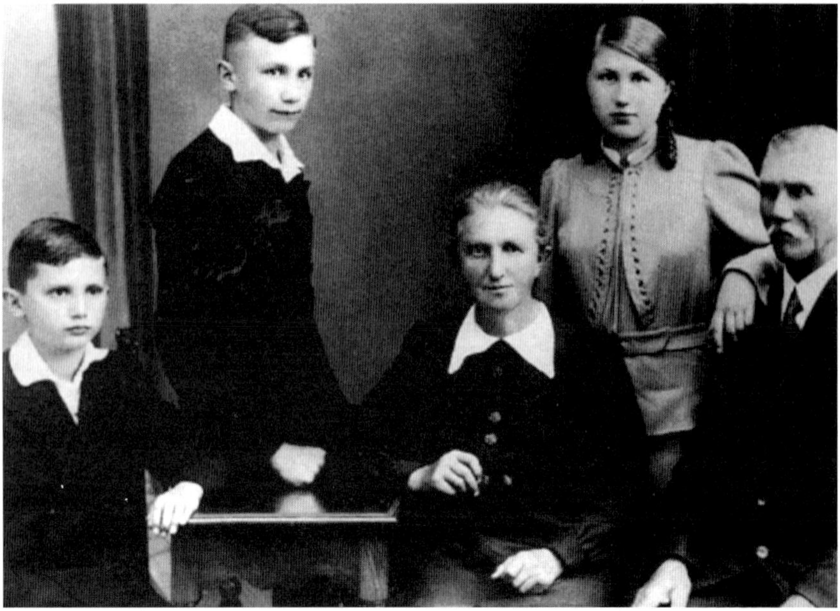

La famille Ratzinger. En partant de la gauche :
Joseph, Georg, son frère, Maria, sa mère, Maria, sa sœur, et Joseph, son père.

29 juin 1951. Georg et Joseph Ratzinger,
le jour de leur ordination sacerdotale.
Au centre, leur ami Rupert Berger.

8 juillet 1951.
La famille Ratzinger réunie à l'occasion
de la première messe
des deux frères.

Été 1952.
Messe dans la montagne
près de Ruhpolding.

Semestre d'été 1955.
Professeur de dogmatique
et de théologie fondamentale à Freising.

Automne 1955. Les parents et le frère du futur cardinal
devant leur maison de Hufschlag, près de Traunstein.

1961. Professeur de théologie fondamentale à Bonn.

Automne 1964.
Expert au concile Vatican II.

8 décembre 1964, jour de clôture du concile Vatican II.
Promenade à Rome, Via della Conciliazione, avec le père Alois Grillmeier s.j.

Avril 1977. Le nouvel archevêque de Munich et Freising.

Les armoiries de Joseph Ratzinger,
archevêque de Munich et Freising,
ayant pour devise : *Cooperatores veritatis,*
coopérateurs de la vérité (3 Jn),
qui exprime le lien
entre le ministère du théologien
et celui du pasteur.

19 juin 1997. Le jeune archevêque de Munich et Freising tout juste nommé cardinal,
avec le pape Paul VI après la concélébration à Saint-Pierre de Rome,
en la fête de saint Pierre et saint Paul.

Septembre 1977. Accueil du nouveau cardinal à Freising.

Avant la concélébration dans la cathédrale.

comme je l'avais déjà tenté depuis longtemps de multiples façons.

Les grandes vacances, qui duraient de la fin juillet à la fin octobre, furent entièrement consacrées au concours. Mais les choses se compliquèrent : fin octobre, nous reçumes l'ordination sous-diaconale et diaconale. Ainsi débutait la préparation à l'ordination sacerdotale, qui, à l'époque, était un peu différente d'aujourd'hui. Nous nous retrouvâmes tous au séminaire de Freising, où l'on nous initia aux aspects pratiques du service sacerdotal, notamment à l'exercice de la prédication et de la catéchèse. Le sérieux de cette préparation sollicite l'homme tout entier ; or je devais pourtant essayer de la mener de front avec le sujet du concours. Je pus concilier les deux grâce à la tolérance de la maison et à l'indulgence de mes compagnons de route. Mon frère, qui se destinait comme moi au sacerdoce, me déchargea autant qu'il le put des préparatifs pour la période de l'ordination et de la première messe. Ma sœur, alors secrétaire dans un cabinet d'avocats, occupa ses loisirs à mettre remarquablement au net le manuscrit, qui put ainsi être remis juste à temps.

J'étais heureux d'être enfin libéré de cette charge belle mais oppressante et de pouvoir me consacrer entièrement, au moins les deux derniers mois, à la préparation de cette démarche décisive : l'ordination par le cardinal Faulhaber à la cathédrale de Freising le jour de la fête de Saint-Pierre-Saint-Paul en 1951.

Nous étions plus de quarante aspirants à répondre *adsum* à l'appel : « me voici », par une journée d'été radieuse, qui reste dans ma vie un sommet inoubliable. Il ne faut pas être superstitieux ; mais au moment où le vieil archevêque m'imposa les mains, un petit oiseau, sans doute une alouette, s'éleva du maître-autel dans la cathédrale et lança ses trilles en un chant d'allégresse ; ce fut pour moi comme une exhortation d'En-Haut : C'est bien ainsi, tu es sur le bon chemin. Les quatre semaines estivales qui suivirent furent comme une grande fête. Le jour de ma première messe, notre église paroissiale Saint-Oswald brillait de tout son éclat. La joie qui emplit tout l'espace de manière presque tangible, nous entraîna tous de la façon la plus vivante dans une « participation active » au Saint Sacrifice, qui ne nécessitait pas de gestes d'affairement. Nous étions invités à porter la bénédiction de notre première messe dans les maisons et fûmes partout accueillis, même par des personnes totalement inconnues, avec une cordialité inimaginable. J'ai alors pu constater à quel point les hommes attendent le prêtre, la bénédiction qui vient de la force du sacrement. Là, il ne s'agissait pas de ma personne ou de celle de mon frère : qu'aurions-nous bien pu apporter par nous-mêmes, nous les jeunes, à tous ceux que nous rencontrions ? Ils voyaient en nous des hommes mandatés par le Christ et habilités à Le porter aux autres. Et justement parce qu'il ne s'agissait pas de nous, s'instaura très vite une relation amicale.

Conforté par l'expérience de ces semaines, je pus prendre mes fonctions de vicaire dans la paroisse du Précieux-Sang à Munich. La partie la plus étendue de la paroisse était située dans un quartier résidentiel habité par des intellectuels, des artistes, des hauts fonctionnaires ; mais certaines sections de rues l'étaient par des petits commerçants et employés, concierges et employées de maison, qui étaient à l'époque au service des mieux lotis. Le presbytère, construit par un architecte célèbre, mais trop petit, était accueillant, même si le grand nombre de personnes qui y collaboraient à diverses fonctions créait trop souvent un climat fébrile. Mais la rencontre du bon curé Blumschein fut décisive. Il ne se contentait pas de dire aux autres qu'un prêtre devait « brûler d'ardeur », mais il était vraiment lui-même embrasé de l'intérieur. Jusqu'à son dernier souffle, il voulut être par toutes les fibres de son être le prêtre serviteur. Et il mourut en allant porter un jour l'extrême-onction à un malade. Par sa bonté et une passion profonde pour sa mission, il a marqué ce presbytère de son empreinte. Et ce qui, à première vue, pouvait paraître de l'agitation était en réalité l'expression d'une disponibilité de tous les instants.

J'avais vraiment besoin d'un tel exemple, car le monceau des tâches qui m'attendaient était impressionnant : je devais faire seize heures de catéchisme dans cinq classes différentes, ce qui demandait beaucoup de préparation. Chaque dimanche, je devais célébrer au moins deux messes et faire deux homélies différentes ; chaque matin, j'étais au confessionnal de six à sept heures, quatre heures le samedi après-midi. Chaque semaine, je devais célébrer plusieurs enterrements dans les divers cimetières de la ville. Toutes les activités de jeunes reposaient sur mes épaules, tâche à laquelle s'ajoutaient les obligations exceptionnelles telles que baptêmes, mariages, etc. Le curé ne se ménageant pas, je ne pouvais ni ne voulais le faire moi-même. Compte tenu de mon peu de préparation pratique, j'avais abordé ces responsabilités avec une certaine inquiétude. Mais le travail avec les enfants à l'école, qui m'amenait naturellement à rencontrer les parents, se transforma vite en une grande joie, et une bonne entente s'instaura également avec les différentes groupes de jeunes catholiques. Certes, je constatai aussi combien la mentalité et le milieu de beaucoup d'enfants étaient éloignés de la foi, et combien peu le cours de religion répondait à la vie et aux préoccupations des familles. Je ne pouvais en outre méconnaître que le type d'activités des jeunes, qui continuait fidèlement ce qui s'était développé dans l'entre-deux-guerres, ne pourrait faire face aux changements intervenus entre-temps et qu'il faudrait rechercher des formes nouvelles. Des années plus tard, je notai quelques-unes des pensées qui me vinrent à l'esprit au cours de ces expériences dans mon essai *Les Nouveaux Païens et l'Église*, qui souleva une vive discussion à l'époque.

Ma nomination au grand séminaire de Freising, décidée par l'autorité au 1$^{er}$ octobre 1952, éveilla en moi des sentiments divers. D'un côté, c'était la solution que j'avais souhaitée pour pouvoir revenir aux travaux théologiques qui me tenaient à cœur ; d'un autre côté, j'ai beaucoup souffert – surtout la première année – de perdre la multitude de relations et d'expériences humaines qu'offre le ministère pastoral, et je commençai à me demander si je n'aurais pas mieux fait de continuer la pastorale paroissiale. Le sentiment d'être utile et d'accomplir un service important m'avait aidé à accomplir le maximum et donné la joie du sacerdoce, qui n'était pas immédiatement perceptible dans mon nouveau ministère. Je devais désormais faire un cours aux étudiants de dernière année sur la pastorale des sacrements et pus, à cette occasion, puiser à une expérience peut-être modeste mais cependant toute proche et toute fraîche. S'y ajoutaient les messes et les confessions à la cathédrale, ainsi que l'animation d'un groupe de jeunes constitué par mon prédécesseur. Et surtout je devais terminer mes examens de doctorat, fort exigeant à l'époque : huit matières avec un oral d'une heure chacune et une épreuve écrite ; le tout était couronné par une soutenance publique, pour laquelle on devait échafauder des thèses à partir de toutes les disciplines théologiques. Ce fut une grande joie, surtout pour mon père et ma mère, lorsque cet épisode fut terminé et me valut la barrette de docteur en théologie.

VIII

# LE DRAME DE L'HABILITATION. LES ANNÉES À FREISING

Il se trouva qu'à la fin du semestre de l'été 1953, la chaire de dogmatique et de théologie fondamentale à la faculté de philosophie et de théologie de Freising devint vacante. Pendant une année, elle fut occupée par Otfried Müller, prêtre de Silésie, qui s'efforça en même temps de faire avancer son examen d'habilitation à Munich, ce qui n'était pas une mince affaire, étant donné l'obligation d'enseigner deux matières principales de théologie. Or la faculté de théologie d'Erfurt en cours de développement avait demandé à Müller d'assurer le cours de dogmatique. Ce n'était pas une décision facile de passer de l'Allemagne de l'Ouest, avec sa prospérité et sa liberté, à la zone occupée par l'Union soviétique et qui, à l'époque, ressemblait plutôt à une grande prison. Müller accepta cette nomination et forma en théologie toute une génération de prêtres en RDA. Le corps professoral de Freising laissa entendre qu'il pensait à moi comme successeur ; mais je voulais rester au moins encore un an à mon poste au séminaire. J'y avais une multitude d'obligations, il est vrai, mais cela me laissait nettement plus de liberté pour préparer mon doctorat qu'en ayant une charge d'enseignement à la faculté. Le père Victor Schurr, dogmaticien du séminaire des rédemptoristes de Gars, Souabe joyeux et intelligent, assura l'intérim pour un an, pendant lequel nous sommes devenus bons amis.

Il fallait d'abord déterminer le sujet de ma thèse. Gottlieb Söhngen décida de m'orienter sur le Moyen Âge, compte tenu que mon doctorat portait sur la théologie des Pères de l'Église. Comme je venais de me pencher sur saint Augustin, il allait de soi que je travaille sur Bonaventure, que Söhngen avait traité assez en profondeur. Et comme ma thèse traitait un sujet d'ecclésiologie, je devais à présent penser au deuxième ensemble de thèmes de théologie fondamentale : à la notion de Révélation. À l'époque, l'idée d'histoire du Salut dans la théologie catholique était au centre de l'interrogation et donnait un nouvel éclairage à l'idée de Révélation, restée trop axée sur le domaine intellectuel dans la néo-scolastique. La Révélation n'apparaissait plus simplement comme la transmission de vérités s'adressant à l'intellect mais comme l'action historique de Dieu, dans laquelle la Vérité se dévoilait peu à peu. Je devais montrer s'il existait, sous une forme quelconque, chez Bonaventure un concept correspondant à la notion d'histoire du Salut, et si ce thème – dans la mesure où il serait reconnaissable – avait un rapport avec l'idée de Révélation. Je me mis au travail avec zèle et avec joie.

Malgré les connaissances essentielles que je possédais sur Bonaventure et les courts traités que j'avais déjà lus de lui, de nouveaux horizons s'ouvraient à moi au fur et à mesure que j'avançais. Lorsque le père Schurr fit ses valises et prit congé de Freising à l'été 1954, j'avais fini de rassembler les documents et mis au point les grandes lignes de mon interprétation des découvertes que j'avais faites. Restait la rude tâche de rédiger l'ouvrage.

Nouveau signe de la Providence : le décès du philosophe en retraite de la faculté libéra un des appartements de fonction sur le Domberg, et l'on me pressa, tout en reprenant la chaire de dogmatique, de m'installer dans cet appartement. Mais les choses allaient trop vite, d'autant que l'essentiel du travail pour l'habilitation restait à faire. J'assumai toutefois les cours de dogmatique comme suppléant pour le semestre d'hiver. On m'autorisa à reporter encore la théologie fondamentale à l'année suivante. Je commençai par un cours de quatre heures sur Dieu. Ce fut une joie d'approfondir cette grande question ainsi que la richesse de la Tradition. La participation enthousiaste des étudiants m'aida à réussir la double tâche d'enseignement et d'habilitation. À la fin du semestre d'été 1955, le manuscrit était prêt. Malheureusement, j'eus affaire à une dactylo qui, non seulement était lente, mais perdit plusieurs fois des feuilles, mettant mes nerfs à rude épreuve par quantité d'erreurs, surtout parce que celles-ci s'étendaient aux numéros de pages et que mes efforts pour repérer et corriger toutes les erreurs semblaient parfois presque désespérés. À la fin de l'automne, je pus enfin remettre à la faculté de Munich les deux exemplaires obligatoires, dont le graphisme était toutefois loin de me réjouir. Mais j'osais espérer qu'aucune erreur trop grossière ne m'avait échappé.

Entre-temps, la question de l'appartement avait mûri. Pour mes parents – mon père avait soixante-dix-huit ans, ma mère soixante et onze – l'idylle de Hufschlag finissait par devenir pénible. L'église et tous les magasins étaient en ville, à deux kilomètres à pied, ce qui n'était pas une mince affaire, particulièrement l'hiver à Traunstein avec les grosses chutes de neige et les routes souvent verglacées. Malgré notre attachement à la maison tranquille en lisière de forêt, le moment semblait venu de chercher une nouvelle solution. Comme mon doctorat paraissait assuré et que l'appartement sur le Domberg attendait un nouvel occupant, nous crûmes tous bon de faire venir nos parents à Freising. Ainsi, ils logeraient près de la cathédrale, à proximité des magasins, et nous pourrions recréer un cadre familial, d'autant plus que ma sœur pensait aussi nous rejoindre éventuellement par la suite. Le déménagement se fit le 17 novembre, par une journée brumeuse, dont la mélancolie n'épargna pas nos chers parents, à l'heure où non seulement ils quittaient un lieu mais où ils tournaient une page de leur vie. Cependant, ils recommencèrent, avec courage et énergie. À peine les transporteurs étaient-ils arrivés que maman noua son tablier et se mit à l'ouvrage. Le soir, elle était déjà au fourneau à préparer le premier souper ; avec énergie, mon père, lui aussi, veillait minutieusement à tout mettre bien en route. De nombreux étudiants, venus nous aider de multiples façons, furent pour nous un grand encouragement. On n'entrait pas dans un lieu vide, mais dans un contexte d'amitié et de dévouement mutuel. Nous avons passé un Avent heureux, et lorsque mon frère et ma sœur arrivèrent à Noël, le nouvel appartement était redevenu un vrai foyer.

Nous ignorions tous, alors, quels nuages gris planaient au-dessus de moi. Gottlieb Söhngen avait tout de suite lu ma thèse, l'avait acceptée avec enthousiasme et déjà citée en cours à plusieurs reprises. Le professeur Schmaus, corapporteur fort occupé, la laissa d'abord reposer quelques mois. Je sus par une secrétaire qu'il avait enfin commencé à la lire en février. À Pâques 1956, il convoqua pour la première fois les dogmaticiens germanophones à un congrès à Königstein, devenu ensuite un groupe de travail des spécialistes allemands en dogmatique et en théologie fondamentale qui se réunit régulièrement. J'y participai et eus d'ailleurs l'occasion de faire personnellement la connaissance de Karl Rahner. Il était sur le point de publier la nouvelle édition du *Lexikon für Theologie und Kirche* (Dictionnaire de théologie et d'ecclésiologie), conçu par l'évêque Buchberger. Comme je devais écrire quelques articles pour l'ouvrage protestant équivalent : *Die Religion in*

*Geschichte und Gegenwart* (La Religion dans l'Histoire et le présent), il s'informa auprès de moi avec intérêt des techniques d'édition utilisées. Nous nous sommes donc aussitôt rapprochés à cette occasion. Schmaus me convoqua pendant le congrès de Königstein pour un bref entretien, au cours duquel il m'annonça avec objectivité et sans émotion qu'il devait refuser ma thèse, car elle ne répondait pas aux critères scientifiques en vigueur. Je connaîtrais les détails une fois la décision prise par la faculté. J'étais comme frappé par la foudre. Un monde menaçait de s'effondrer. Qu'allait-il advenir de mes parents, venus en toute bonne foi me retrouver à Freising, si je devais maintenant quitter la faculté sur un échec ? Et tous mes projets d'avenir, à nouveau entièrement orientés sur une charge d'enseignement de la théologie, qui échouaient à présent... Je pensai me proposer au poste de vicaire à Saint-Georges de Freising, qui comprenait un appartement tout équipé ; mais ce n'était pas une solution particulièrement réconfortante.

Il fallait attendre pour le moment ; je commençai le semestre d'été avec un sentiment indéfinissable. Que s'était-il passé ? Si j'ai bien compris, trois facteurs ont joué : j'avais vu lors de mes travaux de recherche que le médiévisme munichois, essentiellement représenté par Michael Schmaus, en était presque entièrement resté à la période d'avant-guerre, ne tenant absolument pas compte des grandes découvertes récentes, élaborées depuis, en particulier dans les régions francophones. Avec une dureté inopportune pour un débutant, je critiquai les points de vue dépassés. Manifestement, c'en était trop pour Schmaus, d'autant qu'il ne pouvait concevoir que je traite d'un sujet médiéval sans m'en remettre à lui. L'exemplaire de mon livre remanié par lui se retrouva truffé d'annotations de toutes les couleurs qui, elles non plus, ne manquaient pas de mordant. Il était furieux : la présentation visuelle imparfaite et diverses erreurs de citations – qui avaient résisté à tous mes efforts – ajoutèrent à son irritation. Même le résultat de mes analyses lui déplut. J'avais constaté que Bonaventure (ainsi que les théologiens du XIIIe siècle) n'avait pas l'équivalent de notre concept de « Révélation », par laquelle nous avions coutume de désigner tout le contenu de la Révélation, de sorte qu'il est d'usage de nommer simplement l'Écriture sainte « la Révélation ». Dans le langage du haut Moyen Âge, une telle identification était tout à fait impensable. « Révélation » est toujours une idée d'action : le mot qualifie l'acte par lequel Dieu se révèle, et non le résultat objectivé de cet acte. Et parce qu'il en est ainsi, le concept de « Révélation » implique toujours le sujet qui reçoit : là où personne ne perçoit de « révélation », il ne se produit aucun dévoilement, car rien ne s'est dévoilé. L'idée de Révélation implique que quelqu'un en prenne conscience. Ces idées, acquises à la lecture de Bonaventure, ont pris pour moi une grande importance lors des discussions conciliaires sur la Révélation, l'Écriture et la Tradition. Car s'il en est ainsi, la Révélation précède l'Écriture et se dépose en elle, sans s'identifier à elle tout à fait. Cela signifie par conséquent que la Révélation dépasse toujours ce qui est seulement écrit. Ce qui veut dire qu'il ne peut y avoir de pure *sola scriptura* (« par l'Écriture seule ») ; qu'à l'Écriture appartient le sujet qui la comprend, l'Écriture avec laquelle nous est déjà donné le sens essentiel de la Tradition. Mais pour l'heure, il s'agissait de ma thèse, et Michael Schmaus, qui avait sans doute eu depuis Freising des échos irrités sur la modernité de ma théologie, ne vit aucunement dans ces thèses la fidèle restitution de la pensée de Bonaventure (ce dont je reste, par contre, persuadé encore aujourd'hui), mais un dangereux modernisme, en passe de faire du concept de la Révélation une notion subjective.

La faculté se réunit pour délibérer autour de ma thèse, et la séance fut quelque peu houleuse. Contrairement à Söhngen, Schmaus pouvait compter sur de forts appuis au sein du corps professoral. Cependant, la condamnation fut atténuée : mon travail ne fut pas refusé ; il me fut seulement rendu pour correction. À moi de voir ce qui était à corriger, en lisant les annotations portées par Schmaus sur son exemplaire. Cela me redonna espoir même si Schmaus – comme me le rapporta mon maître Söhngen après cette décision – avait déclaré les remaniements à faire si importants qu'il faudrait des années. Retourner le manuscrit aurait équivalu à un refus, et m'aurait sans aucun doute obligé à cesser mes activités universitaires. Je parcourus l'exemplaire de mon livre sérieusement défiguré et fis une découverte encourageante. Tandis que les deux premières parties fourmillaient de remarques critiques qui ne pouvaient me convaincre que rarement et auraient parfois trouvé réponse deux pages plus loin, la dernière partie, sur la théologie de l'histoire de Bonaventure, était restée sans objections. Pourtant, ce passage contenait justement des affirmations détonnantes, lui aussi. De quoi s'agissait-il ?

Le mouvement franciscain avait remarqué depuis longtemps d'étranges coïncidences entre son avenir et la prophétie historique de l'abbé d'Italie méridionale Joachim de Fiore, décédé en 1202. Ce pieux érudit croyait lire dans l'Écriture sainte que l'histoire allait se dérouler depuis un royaume sévère du Père (Ancien Testament), en passant par le royaume du Fils (l'Église jusqu'à nos jours), vers un troisième royaume, celui de l'Esprit, où se réaliseraient enfin les promesses des Prophètes et où ne régneraient plus que la liberté et l'Amour. Il avait cru aussi trouver dans la Bible des bases de calcul pour l'avènement de l'Église de l'Esprit, voyant en François d'Assise le début de la nouvelle ère, et en ses frères les représentants de cette dernière. Dès le milieu du XIIIe siècle se développèrent des interprétations radicales de cette idée, qui finirent par faire sortir les « spirituels » de leur ordre et entrer en conflit ouvert avec la papauté. Dans un ouvrage tardif en deux tomes, Henri de Lubac exposa la postérité spirituelle de Joachim, qui s'étend jusqu'à Hegel et aux systèmes totalitaires de notre siècle. Or, on disait toujours que Bonaventure n'avait jamais cité Joachim, et que l'édition critique de ses œuvres ignorait son nom. Examinée en pleine lumière, cette thèse n'a cessé de paraître douteuse, car Bonaventure, ministre général de son ordre, fut inévitablement mêlé à la querelle sur le rapport de François et de Joachim. Il avait même fini par devoir retenir au couvent Jean de Parme, son saint prédécesseur, favorable cependant aux idées de Joachim, évitant ainsi que des manœuvres se polarisent sur le saint homme en se réclamant de lui. Par mes travaux, je fus le premier à montrer que Bonaventure s'oppose en tous points à Joachim par son interprétation de l'*Hexameron* (récit de la Création) et tente, en homme modéré, d'adopter ce qui est utile, tout en l'intégrant aux exigences de l'Église. Bien sûr, tout le monde n'a pas accueilli ce résultat avec enthousiasme, mais il finit par s'imposer. Schmaus, je l'ai déjà dit, n'avait formulé aucune critique contre cette partie de mon ouvrage.

C'est ainsi que me vint une idée salvatrice : ce que j'avais exposé sur la théologie de l'histoire de Bonaventure s'emboîtait dans l'ensemble de mon livre, tout en étant autonome ; on pouvait sans difficulté le détacher de l'ouvrage pour en faire une entité. Comportant bien 200 pages, l'ouvrage était certes plus court que les thèses d'habilitation courantes, mais encore suffisamment étoffé pour prouver mon aptitude à une recherche théologique autonome. Et c'est bien en définitive le sens de ce type de travaux. Cette partie étant restée sans objections malgré la critique sévère de mon travail, on ne pouvait donc pas, après coup, la déclarer scientifiquement irrecevable. Gottlieb Söhngen, à qui je présentai mon projet, en convint aussitôt. Malheureusement, mon emploi du temps était déjà largement rempli pour les grandes vacances ; je pus cependant dégager deux semaines qui me permettraient de procéder au remaniement nécessaire de l'ouvrage. Je pus donc, à l'étonnement des professeurs de la faculté, remettre sur la table dès le mois d'octobre, sous une nouvelle forme écourtée, le manuscrit refusé. Des semaines d'attente impatiente s'ensuivirent. Enfin, le 11 février 1957, j'appris que ma thèse était acceptée ! Quant à la soutenance, elle fut fixée au 21 février. Selon le protocole en vigueur à Munich pour les thèses, cette soutenance et la discussion qui suivait faisaient partie des épreuves d'habilitation ; autrement dit, on pouvait encore échouer, cette fois devant le public, comme cela s'était effectivement déjà produit deux fois après la guerre. Je voyais donc ce jour approcher, non sans inquiétude, car le temps de préparation était bref, compte tenu des cours dont je continuais à avoir la responsabilité à Freising. Le grand auditorium choisi pour l'occasion était bondé. Une tension étrange planait dans l'air, presque palpable physiquement. Après mon exposé, un rapporteur et un corapporteur devaient prendre la parole. Bien vite, la discussion avec moi se transforma en une querelle passionnée entre eux deux. Ils se tournèrent alors vers l'auditoire, s'adressant à lui avec autorité. Je me tenais en arrière-plan, sans être sollicité. La délibération de la faculté qui s'ensuivit fut longue. Enfin, le doyen sortit dans le couloir, où j'attendais avec mon frère et des amis, pour m'annoncer sans cérémonie que j'étais reçu au doctorat.

Sur le moment, je n'étais même pas capable de ressentir de joie, tellement le cauchemar des mois passés pesait encore lourd sur moi. Mais l'inquiétude qui s'était installée en moi desserra peu à peu son étau ; je pouvais désormais continuer en paix mon service à Freising et n'avais plus besoin de craindre d'avoir précipité mes parents dans une triste aventure. Peu après, je fus nommé maître de conférences à l'université de Munich, et le 1er janvier 1958 eut lieu – non sans avoir déclenché les foudres de « qui de droit » – ma nomination comme professeur de théologie fondamentale et de dogmatique à la faculté de philosophie et de théologie de Freising. Ma relation avec le professeur Schmaus demeura d'abord tendue, cela se comprend, mais elle s'est peu à peu détendue dans les années 1970 et est devenue amicale. Pas plus qu'avant je ne pus considérer ses jugements et ses décisions d'autrefois comme scientifiquement justifiés, mais j'ai pu reconnaître que l'épreuve de cette année difficile avait été pour moi humainement salutaire et obéissait pour ainsi dire à une logique supérieure à la logique purement scientifique. Dans un premier temps, la distance par rapport à Schmaus me rapprocha de Karl Rahner. Il m'en resta surtout l'intention de ne pas approuver facilement un refus de doctorat ou d'habilitation mais, dans la mesure du possible, de prendre le parti du plus faible, une attitude qui devait encore jouer un rôle dans ma carrière universitaire, comme on le verra par la suite.

De nouvelles décisions et de nouveaux soucis se présentèrent. Dès l'été 1956, au plus fort des querelles autour de mon habilitation, le doyen de la faculté de théologie catholique de Mayence m'avait demandé si j'étais intéressé par la chaire de théologie fondamentale. Je refusai sans hésiter, d'une part parce que je ne pouvais infliger cela à mes parents, d'autre part parce que je ne voulais pas sembler fuir en déserteur la querelle concernant ma thèse, ce qui aurait été stigmatisé à l'avenir comme un échec. L'été 1958, la nomination à la chaire de théologie fondamentale de Bonn me fut adressée, chaire que mon professeur Söhngen avait toujours souhaitée mais qui lui avait été refusée dans la conjoncture de ces années-là. C'était pour ainsi dire mon rêve d'aller là-bas. Depuis 1956, la situation avait changé par rapport aux deux raisons empêchant mon départ de Freising. Un événement s'était produit dans lequel je ne pouvais voir que le doigt de la Providence. Mon frère avait terminé en 1957 ses études de musique par un premier prix au Conservatoire de Munich, études menées conjointement aux engagements de son ministère. Il se vit attribuer le poste de chef de chœur de l'église paroissiale Saint-Oswald à Traunstein ; à cela s'ajoutaient l'éducation musicale au petit séminaire de Traunstein et l'accompagnement spirituel. Comme contrepartie de la messe du matin, il bénéficia de la belle petite maison où logeait jusqu'alors le prédicateur de l'église paroissiale. La maison était en plein centre-ville, belle et tranquille, aussi vaste que notre maison de Hufschlag. S'il avait paru impossible jusqu'alors de faire redéplacer nos parents, un retour à Traunstein, qu'ils n'avaient pas oubliée et qu'ils aimaient toujours, était acceptable. J'en discutai d'abord avec mon frère, qui approuvait mon départ pour Bonn et se réjouissait de prendre nos parents avec lui ; puis nous avons mis papa dans la confidence. Accepter ne lui était pas facile, mais il souhaitait vivement que je saisisse l'opportunité qui m'était offerte. Malheureusement, nous en avons informé maman trop tard, ne voulant pas l'inquiéter à l'avance ; elle apprit par une tierce personne ce qui se tramait, et souffrit longtemps du manque de confiance qu'elle crut ressentir. Ainsi, une autre tranche de vie prenait fin. Une fois encore, j'avais pu vivre avec mes chers parents et avais trouvé dans leur présence pleine de bonté la sécurité dont j'avais eu tant besoin durant les événements stressants que j'avais vécus. Le Domberg de Freising, où n'existe malheureusement plus de grand séminaire, est devenu un peu pour moi un petit coin de patrie, auquel se rattachent aussi bien les souvenirs d'un grand départ dans la vie – même s'il était précaire – que les images de convivialité au quotidien et des heures de fête qu'il nous fut donné de vivre ensemble là-bas.

IX

# PROFESSEUR À BONN

Le 15 avril 1959, je commençai alors mes cours comme professeur titulaire de théologie fondamentale à l'université de Bonn, devant une foule d'auditeurs qui accueillit avec enthousiasme la nouvelle tonalité qu'il crut percevoir chez moi. Je logeais encore provisoirement à l'Albertinum, foyer pour théologiens, et c'était bien ainsi pour le début. Je partageais leur vie quotidienne tout ordinaire, et ne tardai pas à me sentir humainement de plus en plus à l'aise en compagnie de mes auditeurs. La ville et l'université m'enthousiasmaient : le Hofgarten (les jardins du palais), que je traversais pour me rendre à la faculté toute proche, déployait toute sa splendeur printanière en cette année ensoleillée. L'université restait marquée par ses blessures de guerre, particulièrement visibles aux ouvrages manquants de sa bibliothèque et du séminaire, où les importantes collections dont j'avais besoin pour mes travaux demeuraient encore incomplètes. Mais la guerre n'avait pas fait perdre son atmosphère particulière à la noble bâtisse de l'ancienne résidence du Prince Électeur, devenue à la fin de l'ère napoléonienne le bâtiment central de l'université. La vie universitaire bouillonnante, la rencontre avec des étudiants et des professeurs de toutes les facultés me passionnaient et m'inspiraient. La nuit, j'entendais les bateaux sur le Rhin qui coule au pied de l'Albertinum. Avec sa navigation internationale, le grand fleuve me donnait un sentiment d'ouverture, de grand large, au contact des cultures et des nations qui s'y croisaient et s'y fécondaient depuis des siècles. Alors que la Bavière est une région rurale, dont le caractère propre lui confère une beauté particulière, une solidité et une sérénité, je me trouvais à présent dans un paysage à l'empreinte toute différente : Cologne était proche, Aix-la-Chapelle peu éloignée, Düsseldorf et la Ruhr voisines. Nous étions entourés par toute une série d'écoles de théologie : à Walberberg, celle des dominicains, à Hennef-Geistingen, celle des rédemptoristes avec leur belle bibliothèque très soignée, à Saint-Augustin, les Steyler avec leur important Institut scientifique des Missions, à Mönchengladbach les franciscains, dont le grand spécialiste de Bonaventure, Sophronius Clasen, devint bientôt un ami. Nous étions stimulés de toutes parts, d'autant que la Belgique et les Pays-Bas étaient proches et que, traditionnellement, les portes de la Rhénanie restent ouvertes sur la France. Très vite, un cercle d'élèves motivés se forma spontanément. J'organisai bientôt avec eux des colloques réguliers, que j'ai pu – naturellement avec d'autres équipes, maintenir jusqu'en 1993. La faculté catholique de théologie elle-même était brillamment représentée dans de nombreuses disciplines : Theodor Klauser, fondateur et éditeur du *Reallexikon für Antike und Christentum* (Dictionnaire pratique de l'antiquité et du christianisme), était une figure marquante ; Hubert Jedin, le grand historien du concile de Trente, devint bientôt un de mes amis, auquel je restai lié jusqu'à sa mort en 1980. Schöllgen, spécialiste en théologie morale, était, avec sa culture universelle, un interlocuteur extrêmement stimulant. Je pourrais allonger la liste ; mais je me contenterai d'évoquer plusieurs collègues bavarois, grâce auxquels je me sentis bientôt en pays de connaissance. Le dogmaticien Johann Auer, que je devais retrouver à Ratisbonne, enseignait à Bonn depuis 1950. Ludwig Hödl était arrivé à Bonn en même temps que moi comme deuxième suppléant en dogmatique ; grand connaisseur des sources manuscrites de théologie médiévale, on avait toujours admiré, à juste titre, la grande compétence à l'école de Schmaus.

Par-delà l'université se nouèrent bientôt des amitiés, importantes pour mon itinéraire personnel. Je me contenterai d'évoquer l'indianiste Paul Hacker, dont je ne pouvais qu'admirer les dons universels. Il avait une formation de slavisant, maîtrisait parfaitement les langues indiennes (au point que des Indiens venaient à lui pour étudier le sanscrit ou le hindi), et il maîtrisait aussi admirablement le latin et le grec. À Bonn, enseigner la théologie fondamentale impliquait de dispenser des cours d'histoire des religions. Notre amitié née rapidement fut ainsi pour moi particulièrement instructive. Les études de Paul Hacker en histoire des religions occupent une place importante en raison du niveau de son analyse linguistique subtile et de la profondeur de son contenu.

Lorsque je fis sa connaissance, Hacker était luthérien, mais en perpétuelle recherche. C'est ce qui l'avait amené à l'indologie ; mais d'avoir pénétré dans le monde spirituel de l'Inde l'avait ramené au christianisme. Il se plongea alors dans les œuvres de Luther autant que dans celles des Pères de l'Église. Son tempérament passionné n'admettait aucune limite physique, de sorte qu'il conversait des nuits entières avec les Pères ou avec Luther, devant une ou plusieurs bouteilles de vin rouge. Ses pas le conduisirent ensuite à l'Église catholique, au sein de laquelle il appartint d'abord à l'aile critique à l'égard de Rome. Il devint donc de plus en plus critique envers le Concile et combattit surtout la théologie de Karl Rahner avec une sévérité conforme à son tempérament volcanique, mais inapte à faire entendre ses arguments. C'est ainsi que son ouvrage sur Luther, fruit d'un long combat intérieur, fut malheureusement mis à l'écart comme l'écrit d'un marginal et d'un dilettante, ce qu'il n'était nullement. La précision de ses analyses de textes reste inégalée. Hacker – je tiens à le dire ici – était venu également à Münster peu après moi. Nos contacts s'y sont encore approfondis, non plus tellement axés sur l'indologie (comme à Bonn), mais désormais sur son questionnement théologique. Il était inévitable que cette amitié connaisse aussi des tensions, mais ma reconnaissance demeure égale, car je sais tout ce que je lui dois dans le domaine de la science religieuse et de la théologie. Son rythme de travail forcené l'a prématurément épuisé ; son œuvre n'est guère considérée de nos jours, mais on la redécouvrira un jour – j'en suis persuadé – et elle aura encore beaucoup à nous dire.

Revenons à Bonn : le premier semestre reste un formidable souvenir, comme la fête d'un premier amour. J'avais pu, entre-temps, m'installer dans un bel appartement à Bad Godesberg qui, à l'époque, n'était pas encore rattachée à Bonn. Parmi les voisins de cet immeuble, en particulier l'angliciste Arno Esch, hélas décédé depuis, est devenu un ami. Au cœur de la joyeuse atmosphère qui avait accompagné mes débuts au cours des mois précédents, je reçus en août un terrible coup de massue d'une dureté inattendue. Avec ma sœur, qui m'avait accompagné à Bonn et qui m'a fidèlement suivi tout au long des étapes de ma vie jusqu'à sa mort précoce en novembre 1991, j'étais allé à Traunstein dans notre nouvelle maison de famille de la Hofgasse, où mes parents et mon frère nous attendaient pleins de joie. Durant l'été 1958, par une chaleur torride, notre père porta la lourde machine à écrire de ma sœur à réparer, lorsqu'il fit une légère attaque d'apoplexie, à laquelle nous n'avons pas attaché d'importance, hélas, car elle sembla aussitôt surmontée. Papa vaquait à ses occupations comme si de rien n'était. Nous fûmes seulement frappés, à vrai dire, par la grande sérénité, la bonté particulièrement indulgente avec lesquelles il nous accueillit. À Noël 1958, il nous fit des cadeaux avec une générosité quasi incompréhensible. Nous sentions qu'il considérait ce Noël comme le dernier, mais nous avions peine à le croire, car il ne laissait rien paraître. Une nuit, à la mi-août, il fut pris d'un violent malaise, dont il ne se remit que lentement. Le dimanche 23 août, notre mère lui proposa une promenade sur les lieux de nos demeures successives et de nos amitiés d'autrefois. Ils firent ensemble plus de dix kilomètres par cette chaude journée estivale. Sur le chemin du retour, maman avait été étonnée par la ferveur avec laquelle papa avait prié lors d'une brève visite à l'église, et de l'inquiétude intérieure avec laquelle il avait attendu notre retour à la maison (nous étions partis tous trois à Tittmoning). Pendant le dîner, il sortit et s'effondra en haut de l'escalier. C'était une attaque d'apoplexie, à laquelle il succomba après deux jours de souffrances. Nous étions reconnaissants de pouvoir nous retrouver tous à son chevet pour lui manifester encore une fois notre affection. Il la reçut avec gratitude, même s'il ne pouvait plus parler. En rentrant à Bonn après cet événement, je sentis que le monde était devenu un peu plus vide pour moi et qu'une partie de mes racines familiales avait changé de rive.

# X

# DÉBUT DU CONCILE ET TRANSITION À MÜNSTER

Alors que mes rapports avec le cardinal Wendel, archevêque de Munich, n'étaient pas restés sans complications, il s'instaura d'emblée entre le cardinal Frings, archevêque de Cologne, et moi une entente pleine de simplicité et de cordialité. Ce qui a dû aussi y contribuer est que son secrétaire, l'évêque actuel d'Essen, Hubert Luthe, était un ami de faculté des années de Fürstenried, où j'avais pu nouer des liens d'amitié avec un groupe d'autres théologiens de Cologne, notamment l'actuel évêque auxiliaire, Dick. Entre-temps, Jean XXIII avait annoncé l'ouverture du concile Vatican II. Il revivifia ainsi, parfois même jusqu'à l'euphorie, le climat d'espérance et l'élan restés vivaces dans l'Église depuis la fin de la Première Guerre – et parmi les théologiens –, en dépit des menaces du national-socialisme. Le cardinal Frings assista à une conférence sur la théologie conciliaire, à laquelle m'avait invité l'Académie catholique de Bensberg, et il m'entraîna à la fin dans une grande conversation, prélude à une longue collaboration. En qualité de membre de la Commission centrale préparatoire, le cardinal reçut les projets de textes (« schémas ») qui devaient être soumis aux Pères après convocation de l'assemblée conciliaire en vue d'y être discutés et soumis au vote. Il m'adressa régulièrement ces textes pour commentaires et suggestions. J'avais évidemment certaines objections, mais je n'avais pas de raison d'opposer un refus radical – comme beaucoup l'exigèrent au Concile, en ayant gain de cause. Certes, le renouveau biblique et patristique intervenu au cours des dernières décennies n'avait pu laisser que peu de traces dans ces projets. Ceux-ci donnaient l'impression d'une certaine rigidité et étroitesse, étant trop liés à la théologie des manuels, à la pensée des experts et trop peu à celle des pasteurs. Il faut dire cependant qu'ils avaient fait l'objet d'un travail de fond attentif et solide.

Enfin, l'heure du Concile avait sonné. Le cardinal Frings emmena à Rome son secrétaire Luthe et moi-même en qualité de conseiller théologique. Il réussit, vers la fin de la première session, à me faire nommer théologien conciliaire officiel (*peritus*). Je ne peux ni ne veux décrire ici l'expérience particulière de ces années, durant lesquelles nous logions au Collège de l'Anima pour les prêtres autrichiens et allemands, situé près de la place Navone. Je ne peux non plus raconter les nombreuses rencontres qu'il m'a été donné de faire avec des hommes aussi éminents qu'Henri de Lubac, Jean Daniélou, Yves Congar,

Gérard Philips, pour ne citer que quelques noms prestigieux ; ni parler de la rencontre d'évêques de tous les continents, ou des discussions en petit comité. Le drame de l'Église et des théologiens de ces années-là n'a pas non plus sa place dans ces souvenirs.

Que le lecteur me permettre deux exceptions : tout d'abord la question de savoir par quoi commencer le Concile, quelle tâche précise lui attribuer. Le Pape n'avait exposé ses vues sur le Concile que de façon très générale, laissant aux Pères une latitude presque entière pour sa réalisation concrète. La foi devait être proclamée sous un jour nouveau pour notre époque, sans rien perdre de son identité et de son contenu. Et, après avoir posé limites et garde-fous, il fallait, non pas condamner, mais appliquer « le remède de la compassion ». Un consensus tacite existait : l'Église devait être le thème principal de l'assemblée, pouvant mener à bien et poursuivre ainsi le concile Vatican I prématurément interrompu par la guerre franco-allemande de 1870. Les cardinaux Montini et Suenens présentèrent des projets de vaste structuration théologique des travaux conciliaires, articulant le thème de l'Église en deux questions : « Église *ad intra* » et « Église *ad extra* ». La seconde partie du sujet devait permettre de se poser les grandes questions actuelles sous l'angle des rapports entre l'Église et le « monde ».

Pour la majorité des Pères conciliaires, la réforme du mouvement liturgique ne constituait pas une priorité et, pour beaucoup, elle n'était absolument pas matière à discussion. Ainsi, par exemple, le cardinal Montini, devenu véritablement « le Pape du Concile » sous le nom de Paul VI, déclara sans ambages après le début du Concile, en présentant les thèmes à traiter, qu'il ne voyait pas dans cette réforme une tâche essentielle du Concile. Depuis la fin de la Première Guerre mondiale, la réforme liturgique n'était devenue une question urgente qu'en France et en Allemagne et, ce, d'abord dans la perspective du rétablissement pur et simple de l'ancienne liturgie romaine impliquant la participation active du peuple de Dieu au déroulement liturgique. Ces deux pays, alors les plus influents sur le plan théologique (et auxquels il faut, bien sûr, adjoindre également la Belgique et les Pays-Bas), avaient imposé dans la phase préparatoire l'élaboration d'un schéma sur la sainte liturgie, qui s'intégrait naturellement dans la thématique générale de l'Église. Que ce texte ait été le premier à faire l'objet de délibérations conciliaires n'était aucunement dû à un regain d'intérêt de la majorité des Pères pour la question liturgique, mais simplement à ce que l'on n'attendait pas de grands différends sur ce point et que l'on considérait l'ensemble comme une sorte de terrain d'entraînement, ce qui permettait d'apprendre et d'expérimenter la méthode du travail conciliaire. Aucun Père n'aurait eu l'idée de voir dans ce texte une « révolution » mettant un « terme au Moyen Âge », comme certains théologiens croient devoir l'interpréter depuis. On voyait cela comme une extension des réformes introduites par Pie X et activées par Pie XII avec prudence et détermination. Les clauses générales, comme « les livres liturgiques doivent être révisés au plus vite » (n° 25), furent comprises en ce sens : comme la poursuite de ces évolutions qui ont toujours existé et qui, depuis les papes Pie X et Pie XII, ont conduit à redécouvrir les traditions romaines classiques, leur donnant ainsi un caractère particulier. Cela devait effectivement dépasser les tendances de la liturgie baroque et de la piété du XIXe siècle, et favoriser un recentrage humble et sobre sur le véritable mystère de la présence du Christ dans son Église. Rien d'étonnant dans ce contexte à ce que le « modèle de messe » remanié, qui devait remplacer l'*Ordo missae*, ait été refusé par la majorité des Pères convoqués en un Synode spécial en 1967. Que quelques (ou de nombreux ?) liturgistes consultés aient envisagé dès le départ d'aller plus loin, nombre de publications le laissent supposer. De telles aspirations n'auraient certes pas obtenu l'agrément des Pères. Le texte du Concile n'en fait aucunement état, bien qu'on les trouve *a posteriori* implicites dans certaines clauses générales.

Le débat sur la liturgie se déroula paisiblement, sans tensions profondes. La présentation du document sur « Les sources de la Révélation » devait faire l'objet de délibérations. Il souleva une querelle dramatique. « Sources de la Révélation » signifiait Écriture et Tradition. Le rapport de l'une à l'autre et avec le magistère était traité solidement dans les formes de la scolastique post-tridentine, comme dans les manuels courants. Dans l'intervalle, la méthode historico-critique d'interprétation biblique avait aussi trouvé une place bien définie dans la théologie catholique. Par nature, cette méthode n'admet pas d'être limitée par une autorité magistérielle ; elle ne reconnaît justement d'autre instance que celle de l'argument historique. De son point de vue aussi, la notion de Tradition était devenue problématique, car une tradition orale parallèle à l'Écriture et qui remonte aux Apôtres, pouvant constituer une source propre de connaissance historique autre que la Bible, ne peut justement pas être cernée par la méthode historique : c'est bien ce qui avait déjà rendu la querelle sur le dogme de l'Assomption de la Vierge Marie si difficile et insoluble.

Ainsi, ce texte posait tout le problème de l'exégèse biblique moderne, et surtout celui du rapport de l'Histoire et de l'Esprit dans l'économie de la foi. Une découverte prétendue historique, que crut faire le dogmaticien de Tübingen J.R. Geiselmann dans les années cinquante, donna au débat un tour concret. Il avait trouvé dans les Actes du concile de Trente la formule suivante proposée pour le décret conciliaire sur la Tradition : la Révélation serait contenue « en partie dans l'Écriture, en partie dans la Tradition ». Dans le texte final, l'expression « en partie » est évitée et remplacée par un « et » : Écriture et Tradition nous transmettent ensemble la « Tradition ». Geiselmann en conclut que le concile de Trente avait voulu enseigner que le contenu de la foi ne se répartissait pas entre l'Écriture et la Tradition, mais que les deux – Écriture et Tradition – contenaient la foi en totalité, étaient par elles-mêmes complètes. Toutefois, ce n'est pas la totalité, réelle ou supposée, de la Tradition qui suscitait l'intérêt à ce moment-là, mais la nouvelle que, selon l'enseignement du concile de Trente, l'Écriture contenait absolument tout le trésor de la foi. On parlait de l'« intégralité matérielle » de la Bible dans le domaine de la foi. Ce slogan qui se répandait partout et passait pour la dernière grande découverte s'éloigna bientôt de son point de départ : l'interprétation du décret tridentin. Conséquence inéluctable : on considéra dorénavant que l'Église ne pouvait rien enseigner qu'on ne trouvât expressément dans les Écritures – car elles étaient complètes en matière de foi. Et comme on identifiait l'interprétation de l'Écriture et l'exégèse historico-critique, cela signifiait que l'Église ne pouvait rien enseigner qui ne fût soumis à l'épreuve de la méthode historico-critique. Ainsi, la *sola Scriptura* de Luther (« l'Écriture seule »), dont il fut question à Trente, se trouvait radicalisée. Cela signifiait donc que l'exégèse devait désormais devenir la dernière instance dans l'Église, et comme la nature de la raison humaine et celle d'un travail historique (des présupposés, reconnus ou non reconnus, étant toujours en jeu en de pareils cas) ne permet pas l'unanimité entre les exégètes de textes si difficiles, cela devait vouloir dire que la foi se retranchait dans l'incertain et l'alternance constante des hypothèses historiques ou pseudo-historiques : croire revenait à penser, ce qui demandait une révision permanente. Naturellement, le Concile dut s'opposer à la théorie ainsi exposée, mais le maître mot de l'« intégralité matérielle », avec toutes ses conséquences, était infiniment plus fort dans la conscience ecclésiale officielle que le texte définitif du Concile. Le drame de l'époque post-conciliaire a largement été marqué par ce slogan et ses conséquences logiques.

Personnellement, j'avais pris connaissance de la thèse de Geiselmann au printemps 1956 lors du congrès des dogmaticiens de Königstein (déjà évoqué), au cours duquel le théologien de Tübingen présenta pour la première fois sa prétendue découverte. (Il ne l'élargit d'ailleurs pas lui-même aux conséquences décrites, qui se sont développées seulement dans le cadre de la propagande conciliaire.) Je fus d'abord fasciné ; mais très vite il m'apparut que le grand thème Écriture et Tradition ne pouvait se résoudre de façon aussi simple. J'ai alors étudié moi-même de près les Actes de Trente et vis que les modifications rédactionnelles, primordiales pour Geiselmann, n'avaient été qu'un aspect secondaire mineur dans la confrontation des Pères, qui alla beaucoup plus à fond et plus loin dans le problème central, montrant comment la Révélation pouvait pénétrer une parole humaine et, par conséquent, une Parole écrite. Pour ce faire, les découvertes que j'avais faites en étudiant la notion de Révélation chez Bonaventure me vinrent en aide. Je trouvai que la ligne directrice de l'idée de Révélation chez les Pères du concile de Trente était restée foncièrement la même que dans le haut Moyen Âge. À partir de ces découvertes – que je ne peux évidemment pas développer davantage ici – mes objections contre le schéma conciliaire présenté étaient d'une tout autre nature que les thèses de Geiselmann et leur vulgarisation dans un climat conciliaire en effervescence.

Je tiens cependant à rappeler l'essentiel : la Révélation, c'est-à-dire Dieu venu à la rencontre de l'Homme, dépasse toujours ce que peuvent dire les mots humains, elle dépasse aussi les Paroles de l'Écriture. Comme j'ai eu l'occasion de le dire à propos de mes travaux sur Bonaventure, il eût été impossible au Moyen Âge et à Trente de qualifier l'Écriture de simple « Révélation », comme il est d'usage dans notre langage d'aujourd'hui. L'Écriture est le témoignage essentiel de la Révélation, mais la Révélation est quelque chose de Vivant, de plus grand et, plus encore, elle est interpellation et écoute, sinon elle n'est justement pas devenue Révélation. La Révélation n'est pas un météore tombé sur la terre, gisant quelque part, ensuite, comme une masse rocheuse dont on peut prendre des échantillons et les analyser en laboratoire. La Révélation a des outils, mais elle n'est pas séparable du Dieu vivant, et elle exige toujours des hommes vivants, chez qui elle est reçue. Son but est toujours de rassembler les hommes, de les réunir – c'est pourquoi l'Église lui appartient. Mais si la Révélation déborde l'Écriture, alors l'analyse de la roche, la méthode historico-critique, ne peut avoir le dernier mot, et alors l'organisme vivant de la foi de tous les siècles en fait partie. C'est précisément ce débordement de l'Écriture par la Révélation que l'on ne peut encore une fois enfermer dans un codex de formules, que nous nommons « Tradition ». Dans l'atmosphère générale de 1962, qui s'était emparée des thèses de Geiselmann sous la forme décrite, je ne pus expliciter l'opinion acquise en remontant aux sources, ce qui m'avait d'ailleurs valu, dès 1956, d'être incompris. Mon point de vue fut simplement mis au compte de l'opposition générale au schéma officiel, et vint grossir les voix en faveur de Geiselmann.

À la demande du cardinal Frings, j'ai alors rédigé un petit schéma qui tentait d'y exprimer mon point de vue. Je pus lire ce texte en sa présence à un certain nombre d'éminents cardinaux, qui le trouvèrent intéressant, mais, bien entendu, ne voulurent ni ne purent encore donner d'appréciation sur le moment. J'avais rédigé mon petit essai à la hâte ; sa solidité et sa profondeur ne pouvaient, tant s'en faut, égaler celles du schéma officiel, conçu au cours d'un long processus de remaniements et passé par les nombreuses révisions d'érudits compétents. Il était clair que le texte devait être repris et approfondi. Pour ce faire, il fallait d'autres yeux et d'autres mains. Il fut donc convenu que j'en établirais, avec Karl Rahner, une seconde version approfondie. Ce second texte, que l'on doit beaucoup plus à Rahner qu'à moi-même, a alors été distribué aux Pères conciliaires, et provoqua des réactions exaspérées. Je m'aperçus en travaillant avec

Rahner que, malgré notre unité de vues sur de nombreux projets et conclusions, nous vivions sur deux planètes différentes en matière de théologie. Comme moi, il défendait la réforme liturgique, une nouvelle place de l'exégèse dans l'Église et dans la théologie, et bien d'autres choses encore, mais pour de tout autres raisons. Bien qu'il ait lu les Pères de l'Église dans ses jeunes années, sa théologie était tout empreinte de la tradition de la scolastique de Suarez et de sa nouvelle version, à la lumière de l'idéalisme allemand et de Heidegger. C'était une théologie spéculative et philosophique, dans laquelle l'Écriture et les Pères de l'Église ne jouaient finalement pas un grand rôle, et où la dimension historique était de moindre importance. À l'inverse j'étais, de par ma formation, tout à fait marqué par l'Écriture et les Pères et par une pensée essentiellement historique. Toute la différence entre l'école munichoise que j'avais fréquentée et celle de Rahner m'est alors apparue clairement, même s'il s'écoula encore un certain temps avant que nos divergences ne devinssent perceptibles de l'extérieur.

Il allait de soi que le schéma Rahner ne pouvait être accepté, mais le texte officiel fut, lui aussi, refusé de justesse au terme d'un vote ; il fallut donc ajourner le sujet. Après un débat complexe, ce ne fut qu'à la dernière session conciliaire que la Constitution sur la Révélation divine put être adoptée – l'un des textes majeurs du Concile, qui n'est d'ailleurs pas encore pleinement reçu. Ne prit d'abord effet que ce qui s'infiltra dans l'opinion publique comme une découverte supposée nouvelle. La mission de transmettre la réelle affirmation du Concile à la conscience ecclésiale et de la modeler à partir de là reste à accomplir.

Dans l'intervalle, j'eus à prendre une décision personnelle difficile. Le grand dogmaticien Hermann Volk de Münster, avec lequel j'étais ami malgré notre différence d'âge, avait été nommé évêque de Mayence en été 1962. Je fus donc appelé à sa chaire d'enseignement. J'aimais la Rhénanie, j'aimais mes étudiants et mon travail à l'université de Bonn ; une tâche dont j'étais d'ailleurs redevable au cardinal Frings. Mais Mgr Volk me pressait d'accepter, et des amis insistèrent pour me persuader que la dogmatique me convenait parfaitement et m'ouvrait un champ d'action beaucoup plus vaste que la théologie fondamentale ; ma formation biblique et patristique trouverait beaucoup mieux à s'y exercer. C'est ainsi que cette décision si simple en apparence devint difficile, et qu'après quelques atermoiements, je me décidai à décliner le poste de Münster. Cela aurait dû être le dernier mot de cette affaire, mais un aiguillon, à présent douloureux, me resta dans la chair, lorsque je me heurtai à d'énormes oppositions au sujet de deux habilitations à la faculté de Bonn, soumise à de fortes tensions, risquant selon toute vraisemblance de se terminer par un échec pour les deux jeunes chercheurs. Je repensai au drame de ma propre habilitation et vis que Münster était la voie que m'indiquait la Providence pour pouvoir aider les deux candidats. Ce fut d'autant plus lumineux que, dans d'autres cas également, il fallait s'attendre à des difficultés semblables, que je n'avais pas à craindre à Münster, étant donné les circonstances. Ajoutées à l'argument – que j'avais auparavant écarté – de ma plus grande familiarité avec la dogmatique, ces raisons prirent une force devant laquelle je m'inclinai. J'en avais évidemment parlé au cardinal Frings, et ne peux que lui être reconnaissant de sa compréhension paternelle et de sa générosité tout humaine. C'est ainsi que je donnai en été 1963 mes premiers cours à l'université de Münster devant un large auditoire, doté d'un personnel et d'un matériel hors de comparaison avec celui dont je disposais à Bonn. L'accueil des autres professeurs fut extrêmement cordial ; les conditions ne pouvaient guère être plus favorables. Mais je dois avouer qu'il me resta la nostalgie de Bonn, de la ville au bord du fleuve, de sa gaieté et de son dynamisme intellectuel.

L'année 1963 fut, en outre, celle d'un autre grand tournant dans ma vie : depuis janvier déjà, mon frère avait remarqué que notre mère s'alimentait de moins en moins. À la mi-août, nous reçûmes du médecin la triste certitude qu'elle avait un cancer de l'estomac. La maladie suivit son cours rapide et inexorable. Jusqu'à fin octobre, à bout de forces, n'ayant plus que la peau sur les os, maman continua à tenir la maison de mon frère, jusqu'au jour où elle s'effondra dans un magasin pour ne plus quitter son lit. Nous avons vécu la même chose qu'avec mon père : sa bonté, devenue encore plus pure et rayonnante, ne cessa d'illuminer ces semaines de plus en plus douloureuses. Le lendemain du dimanche de *gaudete*, le 16 décembre 1963, elle ferma les yeux pour toujours. Mais l'éclat de sa bonté demeure, et est devenu de plus en plus pour moi le témoignage de la foi dont elle s'était laissé façonner. Je ne saurais trouver de preuve plus convaincante que cette humanité pure et limpide à laquelle la foi a fait mûrir mes parents et tant d'autres personnes qu'il m'a été donné de rencontrer.

# XI

# MÜNSTER ET TÜBINGEN

Presque immédiatement après le retour à la Maison du Père de notre chère maman, en février 1964, mon frère succéda à Theobald Schrems comme maître de chapelle de la cathédrale de Ratisbonne et chef de chœur des Regensburger Domspatzen, célèbres dans le monde entier. C'est ainsi que l'idylle de Traunstein prit définitivement fin, et que Ratisbonne, vieille ville impériale sur le Danube, restée jusqu'alors plutôt à l'écart de notre milieu de vie, devint désormais notre point de ralliement. Nous nous y retrouvions aux vacances, et nous y sentions de plus en plus chez nous. Mais, dans le même temps, le Concile suivait son cours ; je vivais et travaillais en me partageant entre Münster et Rome. Mon intérêt pour la théologie, déjà vif auparavant, grandit encore sous l'effet produit par les nouvelles souvent excitantes concernant les querelles conciliaires. D'une fois sur l'autre à mes retours de Rome, je trouvais l'atmosphère de plus en plus effervescente dans l'Église et parmi les théologiens. On avait de plus en plus l'impression que rien n'était stable dans l'Église, que tout était à revoir. Le Concile apparaissait de plus en plus comme un grand parlement d'Églises capable de tout modifier et remodeler à sa manière. Un ressentiment montait contre Rome et contre la Curie, désignées comme ennemis réels de toute nouveauté et de toute progression. Le débat du Concile fut de plus en plus présenté selon le schéma partisan propre au système parlementaire moderne. Et celui qui était informé de cette façon se voyait contraint de prendre lui-même parti. Même si l'Allemagne adhérait encore presque unanimement aux forces de renouveau, les scissions dont on parlait à propos du Concile commençaient aussi à se dessiner peu à peu dans le paysage ecclésial de notre pays.

Mais il existait à cet égard un processus encore plus profond. Si les évêques de Rome pouvaient changer l'Église, voire la foi (c'est l'impression qu'ils donnaient), pourquoi eux seuls, à vrai dire ? On pouvait – semblait-il – modifier la foi, contrairement à tout ce que l'on avait pensé jusqu'alors ; elle semblait ne plus se soustraire au pouvoir de décision humain, mais c'est celui-ci qui paraissait la définir. Or, on savait que les évêques avaient appris des théologiens ce qu'ils présentaient de novateur : les croyants trouvaient bien étrange que leurs évêques semblent montrer à Rome un autre visage que dans leur diocèse. Des pasteurs, considérés jusqu'alors comme strictement conservateurs, apparaissaient soudain comme porte-parole du progressisme – même s'ils ne l'étaient pas par intime conviction. Le rôle joué par les théologiens au Concile créa chez les experts, de manière de plus en plus perceptible, une nouvelle conscience d'eux-mêmes. Se considérant comme les vrais défenseurs de la Connaissance, ils ne pouvaient donc plus paraître soumis aux pasteurs. Car comment les évêques pouvaient-ils exercer leur autorité magistérielle sur les théologiens si les spécialistes leur dictaient leurs façons de voir et s'ils dépendaient des directives des experts ? Luther avait en son temps remplacé la soutane par la robe du savant pour montrer que les exégètes étaient les véritables décideurs dans l'Église. Ce bouleversement avait alors été tempéré par le caractère décisif de la profession de foi. Le *credo* demeurait l'aune de la science elle-même. Mais à présent tout cela était à revoir dans l'Église catholique, en tout cas au niveau de son opinion publique ; et le *credo* ne semblait plus infaillible, mais soumis au contrôle des spécialistes. Or, derrière cette tendance à l'hégémonie des spécialistes, on sentait déjà poindre l'idée d'une souveraineté du peuple de Dieu, selon laquelle c'est le peuple lui-même qui détermine ce qu'il veut comprendre par Église, laquelle semblait désormais très clairement définie comme le Peuple de Dieu. L'idée s'annonçait d'une « Église de la base », d'une « Église du peuple » qui devenait, surtout dans le contexte de la théologie de la libération, le but de la réforme.

Si j'étais rentré dans mon pays encore porté par le sentiment du joyeux renouveau qui régnait partout à la fin de la première session conciliaire, je m'inquiétais aussi du changement de climat de plus en plus flagrant dans l'Église. Dans une conférence que je fis à l'université de Münster sur le vrai et le faux renouveau de l'Église, je tentai de lancer un premier signal d'alarme, auquel on ne prêta guère attention. Je me fis alors plus insistant dans mon intervention lors du Katholikentag à Bamberg en 1966, au point que le cardinal Döpfner s'étonna des « accents conservateurs » qu'il crut y percevoir. Mais, tout d'abord, un changement dans ma situation personnelle intervint. À Münster – comme je l'ai déjà dit – j'avais trouvé un accueil et une estime auprès des professeurs de la faculté, un encouragement de l'assistance et un équipement comme je n'aurais pu en souhaiter de meilleur. Je commençais à aimer de plus en plus cette belle et noble ville. Mais tout n'était pas positif : le trop grand éloignement de ma terre de Bavière à laquelle j'étais et demeure attaché au plus profond de moi-même. J'avais la nostalgie du Sud. La tentation fut donc irrésistible, lorsque l'université de Tübingen, qui m'avait déjà offert la chaire de théologie fondamentale en 1959, me nomma cette fois-ci à la deuxième chaire de dogmatique nouvellement créée. Hans Küng s'était activement mobilisé en vue de cette nomination, et avait obtenu le feu vert des autres confrères. J'avais fait sa connaissance lors du premier congrès de dogmatique en 1957 à Innsbruck, alors que je venais de terminer le compte rendu de sa thèse de doctorat sur Karl Barth. J'avais certaines questions à poser à propos de cet ouvrage, dont le style théologique n'était pas le mien, mais que j'avais lu avec beaucoup de plaisir et respect pour son auteur, dont l'ouverture et la simplicité sympathiques me plaisaient.

C'est ainsi qu'étaient nées de bonnes relations personnelles, même si une controverse déjà un peu plus sérieuse sur la théologie conciliaire s'était élevée entre nous, peu après la recension de son livre. Mais, tous deux, nous considérions cela comme de légitimes différences dans nos approches théologiques, nécessaires à une progression féconde de la pensée, et nous sentions que notre sympathie personnelle, notre capacité de coopérer n'étaient absolument pas compromises par de telles divergences.

Compte tenu de l'évolution de la théologie et de l'Église, je pressentais que nos chemins continueraient à diverger, tout en pensant que le consensus fondamental des théologiens catholiques n'en pâtirait pas. Je dois dire que j'étais plus proche de ses travaux à cette époque que de ceux de J.B. Metz, qui avait été nommé à mon instigation à la chaire de théologie fondamentale de Münster. Je trouvais toujours les échanges avec lui extrêmement stimulants ; mais, lorsque sa théologie prit une tournure politique, je vis apparaître une opposition qui pouvait aller loin. Quoi qu'il en soit, je décidai d'accepter Tübingen : le Sud m'attirait, mais aussi la grande histoire de la théologie dans cette université souabe, où s'annonçaient en outre des rencontres intéressantes avec de grands théologiens protestants.

Dès le semestre d'été 1966, je commençai à y donner mes cours – en assez mauvaise santé d'ailleurs, en raison des excès de fatigue pendant et après le

Concile, et le début des navettes entre Münster et Tübingen. D'une part, je ressentais très fortement le charme de la petite ville souabe ; d'autre part, j'étais un peu déçu par les locaux qui n'étaient pas précisément spacieux, où tout paraissait un peu à l'étroit, voire étriqué, après l'abondance de Münster. La faculté était dotée de professeurs éminents mais amateurs de confrontations, ce à quoi je n'étais plus habitué. Je dois toutefois préciser que j'ai pu établir de bonnes relations avec tous mes confrères. Les « signes des temps », que j'avais perçus de plus en plus fortement à Münster, prirent un tour toujours plus dramatique. Au début, la théologie de Rudolf Bultmann dominait encore toute l'atmosphère – avec les modifications apportées par Ernst Käsemann. J'adaptai entièrement mon cours de christologie de l'hiver 1966-1967 à ces discussions. En 1967, nous pûmes encore fêter fastueusement les cent cinquante années d'existence de la faculté catholique de théologie, mais ce fut la dernière fête universitaire de ce style. Le « paradigme » idéologique, auquel se référait la pensée des étudiants et d'une partie des enseignants, changea presque subitement. Si la théologie de Bultmann et la philosophie de Heidegger avaient jusqu'alors fixé le cadre de la pensée, le schéma existentiel s'effondra pratiquement en une nuit pour laisser place au schéma marxiste. Ernst Bloch enseignait alors à Tübingen et faisait de Heidegger un petit-bourgeois méprisable ; Jürgen Moltmann fut nommé à la faculté protestante de théologie à peu près au moment de mon arrivée. Dans son ouvrage fascinant *Théologie de l'Espérance*, il exposa une nouvelle conception de la théologie, très différente de celle de Bloch.

L'existentialisme s'effondra et la révolution marxiste se propagea dans toute l'université, l'ébranlant dans ses fondements. Des années auparavant, on aurait pu s'attendre à ce que les facultés de théologie servent de rempart contre la tentation marxiste. Or, ce fut tout le contraire : elles devinrent un véritable foyer idéologique. L'intégration de l'existentialisme dans la théologie, comme Bultmann l'avait réalisée, n'avait pas été sans danger pour la théologie. Dans ma christologie, j'avais tenté de lutter contre la réduction existentialiste, et de placer, ici et là, en particulier dans le traité sur Dieu, des contrepoids, tirés même de la pensée marxiste, qui conserve encore des éléments chrétiens en raison de ses racines judéo-messianiques. Mais la destruction de la théologie, désormais due à sa politisation dans le sens du messianisme marxiste, fut infiniment plus radicale, car elle reposait justement sur l'espérance biblique, qu'elle dénatura en maintenant la ferveur religieuse, mais en excluant Dieu, qu'elle remplaça par l'action politique de l'homme. L'Espérance demeure (mais Dieu est remplacé par le parti, par le totalitarisme d'un culte athée), prête à sacrifier toute humanité à son faux dieu. J'ai vu se dévoiler le hideux visage de cette ferveur athée, la terreur psychologique, l'absence de tout complexe avec laquelle on sacrifiait toute réflexion morale comme un relent bourgeois, alors qu'il s'agissait d'objectif idéologique. Tout cela est assez choquant en soi, mais se transforme en défi impitoyable pour le théologien lorsque l'idéologie se réclame de la foi et utilise l'Église à ses propres fins. La manière blasphématoire avec laquelle la Croix a été bafouée, accusée de sadomasochisme, l'hypocrisie avec laquelle on continuait à se faire passer pour croyant, si nécessaire, pour ne pas compromettre les moyens menant à ses propres objectifs : on ne pouvait ni ne devait minimiser tout cela, ni le réduire à une querelle universitaire comme une autre. Au point culminant de ces controverses, j'étais doyen de ma faculté, membre du « grand et du petit Sénat académiques » et membre de la Commission chargée de réviser la Charte de l'université ; j'ai donc vécu tout cela de très près. Évidemment, il y avait encore des étudiants en théologie tout à fait classiques. Ce fut en réalité un petit groupe de fonctionnaires qui provoqua cette évolution. C'est lui qui créait ce climat. Je n'ai jamais eu de problèmes avec les étudiants et j'ai toujours pu m'adresser en cours à un grand nombre d'auditeurs attentifs. Mais il m'aurait semblé trahir si je m'étais retranché derrière la tranquillité de mon amphithéâtre, laissant les autres se débrouiller. À la faculté protestante de théologie, la situation était nettement plus dramatique que dans la nôtre. Mais nous étions tous dans le même bateau. Je me suis alors associé à deux théologiens protestants, le patristicien Ulrich Wickert et le missiologue Wolfgang Beyerhaus, en vue d'une action commune. Nous voyions que les controverses confessionnelles étaient de peu d'importance face au défi devant lequel nous nous trouvions maintenant de devoir défendre ensemble notre foi dans le Dieu vivant et dans le Christ, le Verbe fait chair. L'amitié avec ces deux confrères reste un des héritages inaliénables des années passées à Tübingen. Wickert prit d'ailleurs bientôt une décision semblable à la mienne : ne voulant pas vivre constamment dans un climat conflictuel, il accepta sa nomination à la faculté ecclésiastique de Berlin, pour pouvoir poursuivre sa théologie dans un milieu moins agité. Beyerhaus, de nature plus combative que nous deux, se fit le porte-parole des évangélistes et mena le combat jusqu'au bout, porté par ce contexte.

Peut-être dois-je redire, avant d'en venir à l'étape suivante de mon parcours, que tous ces événements n'ont pas empêché l'accomplissement normal d'un grand travail fécond. Hans Küng ayant assuré en 1967 le cours magistral de dogmatique, j'eus le temps de réaliser enfin un projet qui me tenait à cœur depuis dix ans. Je me risquai à faire un cours destiné aux auditeurs de toutes les facultés, que j'intitulai « Introduction au christianisme ». Il en est sorti un livre, traduit en dix-sept langues et très souvent réédité, même en dehors de l'Allemagne. On le lit encore aujourd'hui. J'étais parfaitement conscient de ses lacunes, et le suis toujours ; mais c'est pour moi une satisfaction d'avoir pu ainsi ouvrir une porte à un grand nombre de personnes. C'est aussi pour moi l'occasion d'exprimer ma gratitude à la ville de Tübingen dont l'atmosphère a permis la création de ce cours.

## XII

# LES ANNÉES À RATISBONNE

En 1967, un très vieux projet devint réalité : l'État de Bavière créa à Ratisbonne sa quatrième université régionale. Dès le départ, on pensa faire appel à moi pour la dogmatique, mais je déclinai l'offre, non seulement parce que je faisais partie de la Commission pour les nominations mise en place par le ministère, et ne pouvais donc tolérer des collusions d'intérêts, mais aussi parce que j'étais las des pérégrinations et espérais enfin pouvoir travailler en toute tranquillité à Tübingen. C'est ainsi que mon ex-confrère de Bonn, Alfons Auer, natif de Ratisbonne, que j'avais connu pendant mes études à Munich, était retourné dans sa ville natale où il put à nouveau passer des années fécondes. Fin 1968 ou début 1969, une deuxième chaire de dogmatique fut créée à Ratisbonne, et l'on vint me sonder à nouveau. J'étais encore doyen, mais les affrontements épuisants auxquels j'assistais dans les commissions universitaires, avaient modifié ma position. Je me déclarai prêt. Je fus donc nommé à Ratisbonne en 1969. J'acceptai parce que, à l'instar de Wickert, je souhaitais développer mes travaux théologiques dans un contexte moins stressant et ne voulais pas me laisser acculer à une opposition permanente. Le fait que mon frère exerçât dans cette ville – ce qui permettrait à la famille de se retrouver dans un même lieu – pesa aussi dans la balance en faveur de ce nouveau changement qui, c'était désormais évident à mes yeux, devait être le dernier. Ce ne fut pas facile au début. Les bâtiments universitaires étaient encore en construction, et nous continuions à travailler en partie dans les anciens locaux de la faculté de théologie, autrefois couvent des frères prêcheurs de Ratisbonne. Avec son cloître, ses couloirs tortueux et l'église gothique attenante des dominicains, il y régnait une atmosphère particulière. Les étudiants devaient d'abord se familiariser avec la vie universitaire, et chaque faculté trouva peu à peu son identité. Bien entendu, les vagues de la révolte marxiste déferlèrent aussi dans notre jeune *Alma mater*. Parmi les assistants se trouvaient notamment des chefs de file de gauche très sûrs d'eux. Mais l'université trouva rapidement sa stature, et réussit à faire venir sur le Danube des professeurs d'envergure, de sorte que des amitiés se nouèrent bientôt au-delà de notre faculté, en particulier avec la faculté de droit, de philosophie et de sciences naturelles. Très vite, des étudiants d'autres facultés se regroupèrent, et le cercle de mes candidats au doctorat, aux situations et aux dons divers, s'internationalisa. Je me retrouvais donc dans le milieu universitaire, si essentiel pour mon travail. Les discussions ne manquaient pas, mais dans ce respect mutuel fondamental, si important pour un travail fructueux.

Dès le début de ces années à Ratisbonne, une série d'événements décisifs se produisirent. D'abord ma nomination à la Commission pontificale internationale de théologie, créée par Paul VI à l'instigation d'évêques et de cardinaux, qu'on pouvait bien en majorité rattacher à l'aile dite progressiste des Pères conciliaires. De même que le Synode des évêques devait maintenir vivante la méthode conciliaire et laisser les évêques de l'Église universelle avoir part aux décisions centrales, cette Commission devait poursuivre la nouvelle fonction dévolue aux théologiens lors du Concile et veiller à ce que les recherches théologiques modernes puissent d'emblée rejoindre les décisions des évêques et du Saint-Siège. Le Concile avait certes donné l'impression que la théologie sur laquelle s'appuyaient les autorités pontificales, et la théologie qui se développait dans les diverses Églises locales, prenaient des directions divergentes. Il ne devait plus y avoir de tels clivages. On pensait aussi que la Commission théologique constituerait un contrepoids à la Congrégation pour la Doctrine de la Foi ou bien lui offrirait ainsi un nouveau *brain-trust*, de nature différente. Certains espéraient bien que cette nouvelle Commission mettrait en place une sorte de révolution permanente. En conséquence, les tensions ne furent pas minces pendant la première session de la Commission désignée pour cinq ans. Ce fut tout d'abord exaltant de voir comment les différents membres, qui avaient presque tous participé au Concile, et qu'on pouvait dans le contexte d'alors s'autoriser à classer parmi les progressistes, avaient intégré les expériences postconciliaires et y avaient défini leur position. Ce fut pour moi un grand encouragement de voir que beaucoup jugeaient la situation présente et nos tâches tout à fait comme moi : Henri de Lubac, qui avait tant souffert de l'étroitesse de la discipline néo-scolastique, s'avéra un défenseur résolu de la foi contre sa principale menace, qui modifiait toutes les positions affirmées jusqu'alors. De même, Philippe Delhaye. Jorge Medina, théologien de ma génération, natif du Chili, ne voyait pas les choses autrement que moi. De nouveaux amis vinrent se joindre à nous : M.-J. Le Guillou, un des grands spécialistes de la théologie orthodoxe, défendait la théologie patristique contre la dissolution de la foi dans le moralisme politique. Louis Bouyer, un converti, était une personnalité particulièrement marquante, avec son extraordinaire connaissance des Pères de l'Église, de l'histoire liturgique, des traditions juive et biblique.

Il y eut ensuite la grande figure de Hans Urs von Balthasar. Je l'avais rencontré personnellement à Bonn en 1960, alors qu'il avait convié un petit groupe à discuter du modèle du chrétien, ouvert au monde, présenté par Alfons Auer (à l'époque professeur de théologie morale à Wurzbourg, puis à Tübingen). Balthasar y voyait une totale méprise sur la Bible, ainsi que sur sa propre position de « démantèlement des bastions » et il espérait que la discussion en petit comité pourrait encore à temps mettre un terme à la fausse route sur laquelle on s'était engagé. Malheureusement, Auer n'était pas venu. Il n'y eut donc pas d'échanges de vues ; mais la rencontre avec Balthasar fut pour moi le début d'une amitié de toute une vie, ce dont je ne peux que remercier le Ciel. Je n'ai plus jamais rencontré d'hommes d'une aussi vaste culture en théologie et en histoire des idées que Balthasar et Lubac, et je serais bien incapable de dire tout ce que notre rencontre m'a apporté. Congar, avec sa nature complaisante, essayait toujours de concilier les deux extrêmes, accomplissant par cette patiente ouverture une mission importante. C'était un homme d'un zèle inouï et dont rien ne freinait la discipline de travail, pas même la maladie. Rahner, par contre, s'était laissé largement influencer par les mots d'ordre progressistes et entraîner à des prises de position politiques aventureuses, difficilement conciliables avec sa philosophie transcendantale. Les discussions pour savoir ce que nous, en tant que théologiens, avions le devoir et l'obligation de faire en cette heure étaient extrêmement animées et exigeaient l'engagement de toute notre énergie. Rahner et Feiner, l'œcuméniste suisse, quittèrent finalement la Commission qui, à leur avis, ne parvenait à rien parce qu'elle n'était pas prête à se rallier majoritairement aux thèses radicales.

Balthasar, à qui l'on n'avait pas fait appel au Concile et qui jugeait la nouvelle situation avec une grande clairvoyance, cherchait des solutions adaptées pour faire sortir la théologie de la tendance partisane qui la guettait toujours plus. Ce qui lui importait était de réunir tous ceux qui ne voulaient pas pratiquer la théologie avec des préjugés et des objectifs de politique ecclésiale, mais qui étaient décidés à travailler avec la plus grande rigueur à partir de leurs sources et de leurs méthodes. C'est ainsi qu'est née l'idée d'une revue internationale qui agirait à partir de la communion dans le sacrement et dans la foi et censée y introduire. Nous en avons souvent discuté avec Lubac, Bouyer, Le Guillou et Medina. Le projet sembla d'abord réalisable en Allemagne et en France. Mais des difficultés apparurent en France, dues aussi à la maladie de Le Guillou. Entre-temps, Balthasar fit la connaissance à Milan du fondateur du mouvement Communion et Libération, Luigi Giussani, et de ses jeunes gens qui promettaient beaucoup. La revue est donc née d'abord en Allemagne et en Italie, avec son caractère propre pour chaque pays. Car nous étions convaincus que cette revue ne devait pas être exclusivement théologique mais, puisque la crise de la théologie provenait d'une crise de la culture voire d'une révolution culturelle, qu'elle devait embrasser le domaine général de la culture et être publiée avec des laïcs de grande compétence en matière culturelle. Chaque pays ayant sa propre culture, cette revue devait en tenir compte et avoir pour ainsi dire un caractère fédéraliste.

En Allemagne, nous gagnâmes à ce projet, comme théologien, l'ancien dogmaticien de Fribourg et évêque actuel de Mayence, Karl Lehmann. Comme directeur de publication, nous avons trouvé Franz Greiner, dernier directeur de publication de la célèbre revue culturelle catholique *Hochland*. Et puis l'ancien ministre bavarois de la Culture, Hans Maier, dont j'avais fait la connaissance à l'époque de Tübingen, alors qu'il était jeune politologue de l'université de Munich ; le psychologue A. Görres, ainsi que le professeur munichois de journalisme et fondateur du *Rheinischer Merkur*, O.B. Roegele. Depuis, *Communio* est publiée en seize langues et est devenue un instrument majeur de discussion théologique et culturelle, même si la revue n'a toujours pas complètement répondu à notre attente. Elle est en tout cas restée longtemps trop académique. Et nous n'avons pas réussi à intervenir à temps ni assez concrètement dans les discussions du moment. Malgré tout, la revue est d'une grande utilité, et les années de collaboration avec l'ensemble des éditeurs ont élargi mon horizon et m'ont beaucoup appris.

Je dois ici évoquer une expérience plus modeste par rapport à l'événement significatif de la Commission internationale de théologie et à la revue *Communio*. L'idée que Romano Guardini n'aurait jamais pu, dans les années vingt et trente, exercer ses compétences avec grande efficacité uniquement depuis l'université, mais qu'il ait créé un centre spirituel dans le château de Rothenfels à l'aide d'une communauté informelle de jeunes gens, me poursuivait. Il fallait faire une tentative similaire, même si ce devait être sous une forme beaucoup plus modeste, adaptée au changement intervenu dans l'histoire de la pensée. L'un de mes élèves, le Dr Lehmann-Droke, disposait, avec la baronne de Stockhausen de Westphalie, d'une vieille ferme transformée en centre d'études, dans la région du Lac de Constance. Cela se prêtait à un tel projet. Avec le grand exégète Heinrich Schlier converti au catholicisme, j'y ai donc proposé chaque année, de 1970 à 1977, un cours d'été d'une semaine, durant lequel, chaque jour, la vie de communauté, joyeuse et décontractée, fécondait aussi la discussion théologique et la prière commune. J'avais fait la connaissance de Schlier pendant mes années à Bonn, et son interprétation philologique de l'Écriture, précise et pleine de profondeur spirituelle, m'apportait évidemment beaucoup. C'était une des nobles figures de la théologie de ce siècle, profondément redevable à l'héritage de Heidegger et de son maître Bultmann, qu'il avait toutefois largement dépassés l'un et l'autre. Je suis sûr que l'on redécouvrira son œuvre en grande partie oubliée de nos jours.

Le deuxième grand événement au début de mes années à Ratisbonne fut la publication du missel de Paul VI, assortie de l'interdiction quasi totale du missel traditionnel, après une phase de transition de six mois seulement. Il était heureux d'avoir un texte liturgique normatif après une période d'expérimentation qui avait souvent profondément défiguré la liturgie. Mais j'étais consterné de l'interdiction de l'ancien missel, car cela ne s'était jamais vu dans toute l'histoire de la liturgie. Bien sûr, on fit croire que c'était tout à fait normal. Le missel précédent avait été conçu par Pie V en 1570 à la suite du concile de Trente. Il était donc normal qu'après quatre cents ans et un nouveau concile, un nouveau pape présente un nouveau missel. Mais la vérité historique est tout autre : Pie V s'était contenté de réviser le missel romain en usage à l'époque, comme cela se fait normalement dans une histoire qui évolue. Ainsi, nombreux furent ses successeurs à réviser ce missel, sans opposer un missel à un autre. Il s'agissait d'un processus continu de croissance et d'épurement, sans rupture. Pie V n'a jamais créé de missel. Il n'a fait que réviser le missel, phase d'une longue évolution. La nouveauté, après le concile de Trente, était d'un autre ordre : l'irruption de la Réforme s'était accomplie essentiellement à la manière des « réformes liturgiques ». Il n'y avait pas simplement une Église catholique et une Église protestante côte à côte ; le clivage de l'Église se produisit presque imperceptiblement, et de la façon la plus visible comme historiquement la plus efficiente, par la transformation de la liturgie, qui prit des formes très différentes selon les lieux ; de sorte que souvent on ne distinguait pas la frontière entre ce qui était « encore catholique » et ce qui n'était « plus catholique ». Dans cette confusion, devenue possible par manque de législation liturgique uniforme et par l'existence d'un pluralisme liturgique datant du Moyen Âge, le pape décida d'introduire le *Missale Romanum*, livre de messe de la ville de Rome, comme indubitablement catholique, partout où l'on ne pourrait se référer à des liturgies remontant à au moins deux cents ans. Dans le cas contraire, on pourrait en rester à la liturgie en vigueur, car son caractère catholique pourrait alors être considéré comme assuré. Il ne pouvait donc être question d'interdire un missel traditionnel juridiquement valable jusqu'alors. Le décret d'interdiction de ce missel, qui n'avait cessé d'évoluer au cours des siècles depuis les sacramentaires de l'Église de toujours, a opéré une rupture dans l'histoire liturgique, dont les conséquences ne pouvaient qu'être tragiques. Une révision du missel, comme il y en avait souvent eu, pouvait être plus radicale cette fois-ci, surtout en raison de l'introduction des langues nationales ; et elle avait été mise en place à bon escient par le Concile.

Toutefois, les choses allèrent plus loin que prévu : on démolit le vieil édifice pour en construire un autre, certes en utilisant largement le matériau et les plans de l'ancienne construction. Nul doute que ce nouveau missel apportait une véritable amélioration et un réel enrichissement sur beaucoup de points ; mais de l'avoir opposé en tant que construction nouvelle à l'histoire telle qu'elle s'était développée, d'avoir interdit cette dernière, faisant ainsi passer la liturgie non plus comme un organisme vivant, mais comme le produit de travaux érudits et de compétences juridiques : voilà ce qui nous a porté un énorme préjudice. Car on eut alors l'impression que la liturgie était « fabriquée », sans rien de préétabli, et dépendait de notre décision. Il est donc logique que l'on ne reconnaisse pas les spécialistes ou une instance centrale comme seuls habilités à décider, mais que chaque « communauté » finisse par se donner à elle-même sa propre liturgie. Or, lorsque la liturgie est notre œuvre à nous, elle ne nous offre plus ce qu'elle devrait précisément nous donner : la rencontre avec le mystère, qui n'est pas notre « œuvre », mais notre origine et la source de notre vie. Un renouvellement de la conscience liturgique, une réconciliation liturgique qui reconnaîtrait l'unité de l'histoire liturgique, et verrait en Vatican II non une rupture mais une étape, est d'une nécessité urgente pour l'Église. Je suis convaincu que la crise de l'Église que nous vivons aujourd'hui repose largement sur la désintégration de la liturgie qui est parfois même conçue de telle manière – *etsi Deus non daretur* – que son propos n'est plus du tout de signifier que Dieu existe, qu'Il s'adresse à nous et nous écoute. Mais si la liturgie ne laisse plus apparaître une communauté de foi, l'unité universelle de l'Église et de son histoire, le mystère du Christ vivant, où l'Église manifeste-t-elle donc encore sa nature spirituelle ? Alors la communauté ne fait que se célébrer elle-même. Et cela n'en vaut pas la peine. Et parce qu'il n'existe pas de communauté en soi, mais qu'elle jaillit toujours et seulement du Seigneur lui-même, par la foi, comme unité, la désagrégation en toutes sortes de querelles de clochers, les oppositions partisanes dans une Église qui se déchire deviennent ainsi inéluctables. C'est pourquoi nous avons besoin d'un nouveau mouvement liturgique, qui donne le jour au véritable héritage du concile Vatican II.

Pour le reste, les années de Ratisbonne furent pour moi une période féconde pour mes travaux théologiques. Je fus confronté à deux grands projets, qui ne purent se réaliser ni l'un ni l'autre en raison de ma nomination à l'épiscopat. Après le grand succès du traité de théologie morale en un tome du père Häring, l'éditeur Wewel, qui avait suscité l'ouvrage, eut l'idée de faire élaborer un enseignement dogmatique selon le même modèle. Il sollicita Karl Rahner comme auteur en 1957. Débordé, ce dernier refusa et l'adressa à moi, jeune homme inconnu, pour qui il s'agissait là d'un honneur immérité. J'étais conscient de la limite de mes forces et acceptai, à la condition de trouver un coauteur. L'éditeur fut d'accord et je gagnai le père Grillmeier au projet. Je m'y attelai alors avec zèle, et ma sœur dactylographia des centaines de pages ; mais le Concile vint interrompre toute tentative de poursuivre, et il était impossible après le Concile de se remettre aussitôt à la tâche. Mais il était temps de s'y remettre. C'est alors qu'une nouvelle difficulté se présenta : le professeur Auer venait de réaliser un vieux projet : publier un ouvrage dogmatique en petits fascicules pratiques. À l'instigation de l'éditeur Pustet principalement, il me pria instamment de me rallier au projet comme coauteur. Je lui signalai mon engagement pour le projet Wewel, mais ne pus finalement résister devant son insistance et me chargeai des parties de l'ouvrage de dogmatique que le père Grillmeier devait écrire pour l'éditeur Wewel. Un désaccord survint avec la maison d'édition Wewel ; mais les choses s'arrangèrent. Quoi qu'il en soit, je ne pus réaliser ni l'un ni l'autre. Je réussis seulement à rédiger l'eschatologie pour l'œuvre dogmatique d'Auer, que je considère comme mon ouvrage le plus travaillé et approfondi. Je tentai d'abord simplement, après l'événement décisif du Concile, de repenser toute ma dogmatique, en retournant aux sources avec un regard neuf, sans perdre de vue les publications en cours. Ainsi, j'eus peu à peu une vue d'ensemble, nourrie des multiples expériences et découvertes auxquelles m'avait confronté mon parcours théologique. Je me réjouissais de pouvoir dire quelque chose de personnel, de nouveau, qui ait cependant entièrement grandi dans la foi de l'Église ; mais cela ne m'était manifestement pas destiné. À peine avais-je commencé que je fus appelé à une autre tâche.

Le sentiment d'avoir une vision théologique personnelle de plus en plus claire fut véritablement la plus belle expérience de mes années à Ratisbonne. J'avais pu faire construire une petite maison avec jardin, où ma sœur et moi nous sentions vraiment chez nous, et où mon frère nous rejoignait toujours volontiers. Pour mon frère aussi, ce furent des années bénies. Des enregistrements de Schütz, Bach, Vivaldi, Monteverdi furent distingués par des prix internationaux et on célébra avec éclat le millénaire du chœur de la cathédrale de Ratisbonne. Le 24 juillet 1976, lorsque se répandit la nouvelle de la mort subite du cardinal Julius Döpfner, archevêque de Munich, nous fûmes tous atterrés. Des bruits s'élevèrent bientôt que j'étais candidat à sa succession. Je ne prenais pas cela très au sérieux, car les limites de ma santé étaient tout aussi connues que mon inexpérience en matière de direction et d'administration ; je me savais appelé à une vie de chercheur et n'avais jamais envisagé autre chose. Les postes académiques – j'étais à nouveau doyen et vice-président de l'université – restaient du domaine des fonctions que doit assumer un professeur, et étaient fort loin de la responsabilité d'un évêque.

## XIII

# ARCHEVÊQUE DE MUNICH ET FREISING

C'est ainsi que je ne pensais encore à rien de fâcheux, lorsque le nonce Del Mestri vint me rendre visite à Ratisbonne sous un prétexte quelconque, bavarda avec moi de choses et d'autres et finit par me mettre en main une lettre à lire et méditer chez moi. Elle contenait ma nomination comme archevêque de Munich et Freising. Ce fut pour moi une décision extrêmement difficile. Je fus autorisé à consulter mon confesseur. Je m'en ouvris donc au professeur Auer, qui avait une vue très réaliste de mes limites sur le plan théologique aussi bien qu'humain. Je m'attendais à ce qu'il m'en dissuadât ; or à ma grande surprise, il me dit sans hésitation : il faut que tu acceptes ! Après avoir encore une fois exposé au nonce mes doutes, j'écrivis donc devant lui, d'une main hésitante, sur le papier à lettres de son hôtel, une lettre d'acceptation. Les semaines précédant mon ordination furent difficiles. J'étais encore indécis intérieurement, et la charge de travail qui pesait sur moi était en outre si écrasante que je m'approchai du jour de l'ordination dans un état de santé assez ébranlé. Le grand jour, il fit un temps idyllique : c'était au début de l'été, par un soleil radieux, la veille de la Pentecôte 1977. La cathédrale de Munich, reconstruite assez sobrement après la Seconde Guerre mondiale, était magnifiquement décorée et emplie d'une atmosphère de joie qui s'emparait de vous irrésistiblement. J'ai alors expérimenté ce qu'est un sacrement, que ce qui s'y passe est vraiment la « Réalité ». Et puis, prier devant la colonne de la Vierge au cœur de la capitale bavaroise, la rencontre avec tant d'hommes et de femmes, accueillant l'inconnu que j'étais avec une cordialité et une joie qui ne pouvaient pas s'adresser à ma personne mais me montraient une fois de plus ce qu'est le Sacrement : c'est l'évêque, porteur du mystère du Christ, qu'on saluait, même si la majorité n'en était peut-être pas vraiment consciente. Mais la joie de ce jour allait bien au-delà du soutien apporté à une personne en particulier, qui devait d'abord faire ses preuves. C'était la joie que cette fonction, ce service, se trouvent à nouveau réunis en un homme qui n'agit et ne vit pas pour lui-même, mais pour Lui, le Seigneur, et par conséquent pour tous.

Ce que je vis aujourd'hui a commencé le jour de mon ordination épiscopale. Car le temps présent n'est pas une date précise, il est l'Aujourd'hui d'une vie. Et cet Aujourd'hui peut être plus ou moins long. Pour moi, ce qui a commencé avec l'imposition des mains à mon ordination épiscopale à la cathédrale de Munich demeure toujours l'Aujourd'hui de ma vie. C'est pourquoi je ne peux écrire mes Mémoires à ce sujet. Je ne peux qu'essayer de bien remplir ce présent.

Alors que dire pour achever cette esquisse ? J'ai choisi pour devise épiscopale la parole extraite de la troisième Lettre de saint Jean : « coopérateurs de la vérité », premièrement, parce que cela me paraissait faire le lien entre ma tâche précédente et ma nouvelle mission. Toutes proportions gardées, il s'agit bien toujours de la même chose : rechercher la Vérité, se mettre à son service. Et, deuxièmement, parce que dans le monde actuel, la question de la Vérité a presque disparu, qu'elle paraît dépasser l'homme, et que sans elle tout dépérit, cette devise me sembla moderne dans le bon sens du terme. Sur les armoiries des évêques de Freising figure depuis environ mille ans le Maure couronné : on ne sait pas bien ce qu'il signifie. Pour moi, il exprime l'universalité de l'Église, sans acception de personne, ni de race ni de classe, car nous sommes tous « un » en Christ (Gal 3, 28).

J'ai choisi pour moi deux autres symboles : en premier lieu la coquille, d'abord signe de notre pèlerinage, de notre marche : « Nous n'avons pas de cité permanente sur la terre. » Mais elle me rappelait aussi la légende selon laquelle Augustin, méditant sur le mystère de la Sainte Trinité, vit un enfant sur la plage jouer avec un coquillage, à l'aide duquel il essayait de puiser l'eau de la mer dans un trou. Et cette parole lui aurait été donnée : il est plus difficile à ton intelligence d'appréhender le mystère divin que de transvaser la mer entière dans un petit trou. Ainsi, la coquille me rappelle mon grand maître saint Augustin, mes travaux de théologie et la grandeur du mystère qui dépasse toute science.

Enfin, j'ai adopté également l'ours de la légende de Corbinien, évêque fondateur de Freising : l'histoire raconte qu'au cours d'un voyage à Rome un ours dévora le cheval du saint. Corbinien le réprimanda sévèrement pour son méfait et, pour le punir, lui mit sur le dos le chargement que le cheval avait porté jusque-là. L'ours dut donc traîner le fardeau jusqu'à Rome et n'en fut déchargé par le saint homme qu'à son arrivée à destination. Cet ours portant le fardeau du saint me rappelait la méditation d'un psaume de saint Augustin. Il trouvait dans les versets 22 et 23 du psaume 72 (73) exprimés avec justesse le fardeau et l'espérance de sa vie. Ce qu'il voit dans ces versets et qu'il commente est comme un autoportrait, fait sous le regard de Dieu ; ce n'est donc pas seulement une pensée pieuse, mais une relecture de sa vie et lumière sur sa route. Ce qu'Augustin écrit là illustrait à mes yeux mon propre destin. Le psaume, issu de la tradition de la Sagesse, montre la difficulté de la foi, qui provient de son échec terrestre. Celui qui se tient au côté de Dieu n'est pas nécessairement du côté du succès : les cyniques sont précisément des hommes à qui tout semble sourire. Comment comprendre cela ? Le psalmiste trouve la réponse en se tenant devant Dieu, auprès duquel il comprend la vanité des richesses et du succès matériel et reconnaît ce qui est vraiment nécessaire et salvifique. *Ut iumentum factus sum apud te et ego semper tecum.* Ce que l'on traduirait aujourd'hui par : « lorsque mon cœur était troublé, j'étais fou et déraisonnable, et je me conduisais comme une bête de somme insensée à tes yeux. Et moi je restais toujours devant toi. » Saint Augustin a compris autrement l'expression bête de somme. Le mot latin *iumentum* désignait surtout les bêtes de trait, utilisées pour les travaux agricoles. Il y voit une image de lui-même sous le poids de sa charge épiscopale : je suis une bête de somme devant toi, pour toi, et c'est ainsi que je suis à tes yeux. Il avait choisi la vie de chercheur et avait été destiné par Dieu à être « une bête de somme », un bœuf docile qui tire la charrue de Dieu en ce monde. Comme il s'était souvent rebellé contre toutes les broutilles qu'on lui avait ainsi imposées et qui l'empêchaient de s'adonner aux grands travaux intellectuels qu'il savait être sa vocation la plus profonde ! C'est alors que le psaume vint l'aider à sortir de son amertume : oui, c'est vrai, je suis devenu une bête de somme, un âne bâté, un bœuf ; mais c'est précisément ce que je suis à tes yeux : je suis à ton service, et je suis entre tes mains. De même que la bête de trait est la plus proche du paysan et lui fait son travail, il est tout près de Dieu en accomplissant cet humble service, tout entier dans sa main, entièrement son instrument – il ne pourrait être plus près de son maître, ni plus important à ses yeux. L'ours qui remplaça le cheval – ou plutôt le mulet de saint Corbinien – et fut chargé de son fardeau, qui devint sa bête de somme (contre son gré), n'est-il pas l'image de ce que je dois faire et de ce que je suis ? « Je suis devenu ton mulet chargé de ton joug, et c'est ainsi que je suis tout près de Toi pour toujours. »

Quels détails ajouterai-je sur mes années d'épiscopat ?

On raconte qu'à son arrivée à Rome, Corbinien remit l'ours en liberté. Qu'il soit allé dans les Abruzzes ou retourné dans les Alpes, cela n'intéresse pas la légende. Quant à moi j'ai, entre-temps, fait mes valises pour Rome et depuis longtemps je marche, mes valises à la main, dans les rues de la Ville Éternelle. J'ignore quand on me donnera congé, mais je sais que cela vaut pour moi aussi :

Je suis devenu ta bête de somme ; et c'est justement ce que je suis auprès de Toi.

# TABLE DES MATIÈRES

*Achevé d'imprimer en octobre 1998*
*sur presse Cameron*
*par* ***Bussière Camedan Imprimeries***
*à Saint-Amand-Montrond (Cher)*
*pour le compte de la librairie Arthème Fayard*
*75, rue des Saints-Pères – 75006 Paris*

35-28-0231-01/7

Dépôt légal : octobre 1998.
N° d'Édition : 1553. N° d'Impression : 984611/4.

*Imprimé en France*
ISBN 2-213-60031-7